シリーズ「遺跡を学ぶ」151

地底の森の旧石器人

富沢遺跡

佐藤祐輔

新泉社

地底の森の旧石器人
―富沢遺跡―

佐藤祐輔

【目次】

編集委員
勅使河原彰（代表）
小野　昭
小野　正敏
石川日出志
小澤　毅
佐々木憲一

装　幀　新谷雅宣
本文図版　松澤利絵

第1章　地底の森

1　二万年前の森

杜の都・仙台の副都心である長町周辺は、マンションや商業施設の並び立つ街である。そんなＪＲ長町駅から西に二〇分ほど歩くと、突如、緑の森と丸みを帯びたコンクリートの建物が姿をあらわす。ここが本書の主役となる富沢《とみざわ》遺跡（**図1**）を保存・展示している「仙台市富沢遺跡保存館」（愛称「地底の森ミュージアム」）である（**図2**）。

正面入口から階段を地下に降りていくと、そこには不思議な空間が広がっている。はじめて訪れる人にとっては入るのを少し躊躇するほど暗い。湿度の高い展示室の中には、約二万年前の埋没林が発掘されたままの状態で保存・展示されている（**図3**）。誰もがその幻想的な光景に圧倒されるとともに、なぜこの場所にこのような埋没林があって、なぜ二万年以上の歳月を超え、現代まで残されたのか疑問に思うことになる。

図１ ● 富沢遺跡と周辺の遺跡
富沢遺跡は仙台平野の西端に位置し、さらに西側の丘陵上には旧石器時代の遺跡が点在する。

日本の土壌のほとんどは火山由来の酸性土壌であることから、通常であればこのような有機質の樹木などは分解され、現代まで残ることは稀であり、特殊な条件下でなければ形を保っていることはない。ましてや二万年前＝旧石器時代の樹木であればなおさらである。

そのような条件のあまりよくない日本の土壌環境下でもそれを可能にしたのは、遺跡の立地が大きく影響している。それに加え、発掘されたままの姿で保存・展示されるようになったのは、当時の調査担当者の熱意と遺跡の重要性を理解して協力を惜しまなかった各分野の研究者の力によるところが大きい。

2 なぜ樹木は残ったのか

旧石器時代の遺跡というと、小高い丘陵の上にあるというイメージが強いのではないだろうか？ それは、旧石器時代の人びとが荒々しい山々を歩き回

図2●地底の森ミュージアムの外観と野外展示「氷河期の森」
突如あらわれるモダンなコンクリート建物と氷河期の森。対照的な印象が目を引く。

り獲物を求めて狩りをしているというイメージとも重なる。

しかし、富沢遺跡はそんなイメージとは大きくかけ離れた場所にある。遺跡は現地表面の標高が約一二メートル（遺跡面は標高約七メートル）の平坦で低い場所にある。このような場所は地盤が緩く、水気の多い場所であり、人が住むには適当な場所ではないというのが、一般的な認識だった。実は、そのような人が住むには都合の悪い環境こそが、二万年以上もの長い間、遺跡が保存される最高の好条件だったのである。

一般的に樹木などの有機質の物体を腐食させる大きな原因は、虫や菌などである。それらの生物が

図3 ● 地底の森ミュージアムの地下展示室
「発掘されたまま」の状態で保存・展示され、幻想的な雰囲気の中で旧石器時代を感じることができる。

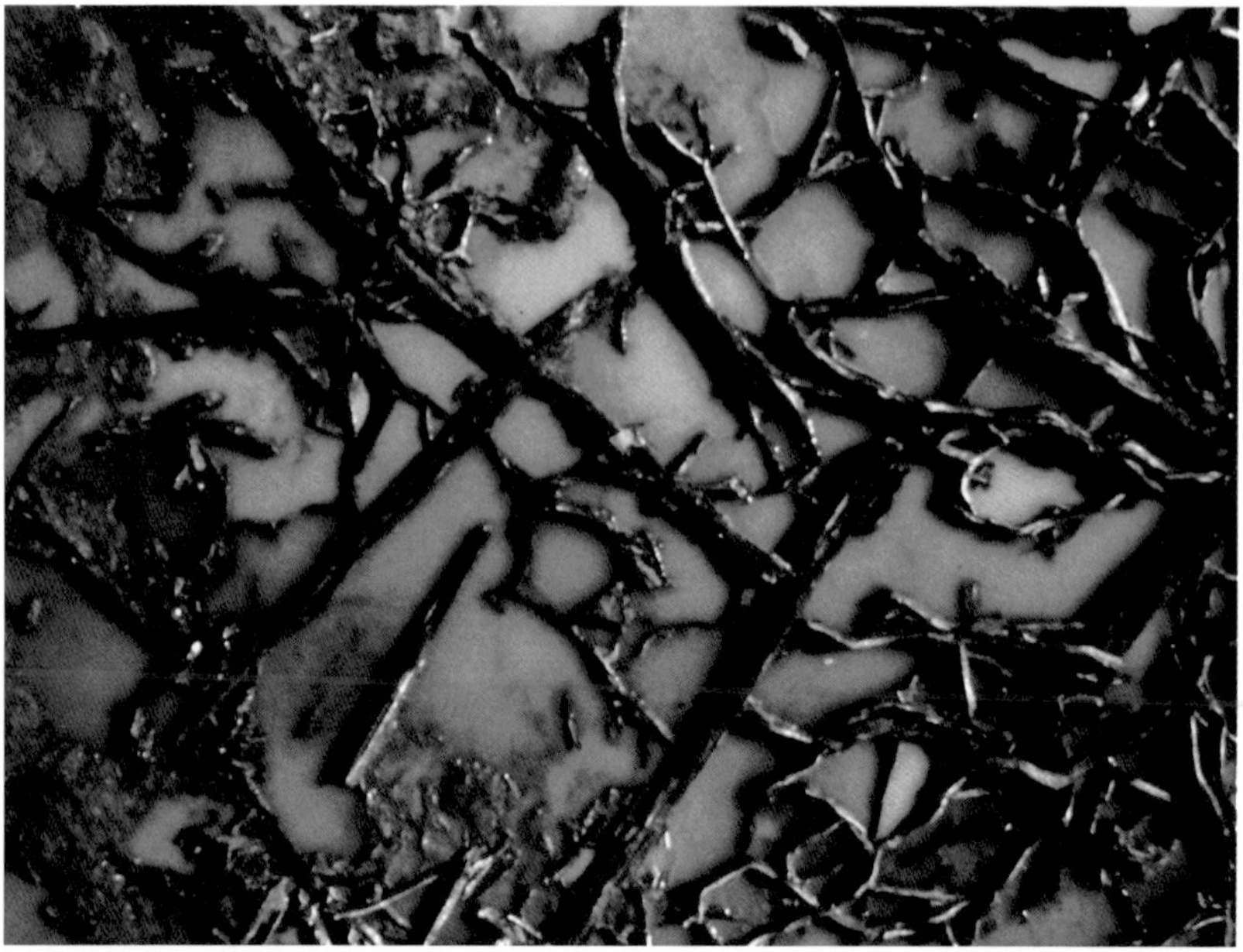

図4● 地下水が湧き出る中での発掘調査
旧石器時代の地層は地表面下約5ｍにあるため、地下水が湧き出してくるが、地下水がなければ保存されてはいなかっただろう。

生育できる環境（水と酸素や光）が整えば、いつでも木材は分解され腐ってしまう可能性が高く、長く保存されることはない。

富沢遺跡周辺には湿地が広がっており、当時生育していた樹木の根元付近には水が多かったようである。発見された樹木のほとんどは、水辺に近い位置の樹根と倒木だったのである。空気に触れたままの樹幹部分の多くは枯死後に虫や菌によって分解され残ってはいなかった。発掘中は地下水が絶え間なく湧き出る状態であり（**図４**）、調査の際には厄介な状態であったが、この地下水の存在が樹木などの保存を助けた一因であった。

さらに、富沢遺跡ではもう一つの好条件があった。それは土砂の堆積である。遺跡周辺を流れる小河川のたび重なる氾濫によって土砂が樹木の根元に堆積することで、まさに「真空パック」されたような状態になり、虫や菌などの生物が生育できない環境になっていたのである。この土砂の堆積は、樹木だけでなく、その周りに生育していた昆虫などの小さな生物、また地面に落ちていた葉や枝、草などもパックして、約二万年後に発掘される時を待っていたのである。

３　奇跡が重なった発見

過去への探求心

保存環境のよさは、さまざまな好条件が揃ったことで生まれた一つ目の奇跡である。そして、遺跡の発見にあたっても奇跡はいくつも重なっていた。

富沢遺跡は、一九八二年（第一次調査）におこなわれた試掘調査で発見され、弥生時代から現代までの水田跡が残る遺跡として登録された。ただ、弥生時代の層よりも下にさらに古い時代の人が活動した跡の残る地層がないか、試しに深く掘った場所があった。その場所で弥生時代の地層の下に縄文時代の層がみつかり、さらに下からは黒みを帯びた地層がみつかっていた（図5）。確実に縄文時代よりも古い地層であることから、地層に残った花粉などを分析し、旧石器時代の遺構や遺物が存在する可能性が指摘された。

しかしこの時点では、地層は確認されながらも、旧石器時代の遺跡として認定されたわけではなかった。ただ、この深掘りがなければその後、旧石器時代の地層を調査することはなかっ

図5●より古い時代の地層がないかを調べる
1982年の調査で試しに深く掘った際の下にある黒い地層が旧石器時代の地層と考えられた。

たはずである。このような一九八二年の調査担当者による過去への探求心も遺跡発見の一つの奇跡と言える。

現在、地底の森ミュージアムのある場所は当初、仙台市立長町南小学校が建設される予定であった（小学校はその後、ミュージアム北東の近接地に建設）。本書のおもな舞台になる一九八七・八八年の発掘（第三〇次調査）はもともと、その小学校建設によって遺跡が破壊されることから、記録保存のためにおこなわれた緊急調査であった。発掘の調査原因が学校建設であることから、調査対象面積が約四八〇〇平方メートルと広く、一九八二年に確認されていた旧石器時代の地層まで深く、さらに広い範囲を調査できたということが奇跡の連鎖の二つ目である。

場所にもよるが、旧石器時代の地層にたどり着くには、浅ければ地表面から数十センチ程度の場合もある。しかし、富沢遺跡の場合は、土の堆積スピードが早いため、約二万年の間に約五メートルもの土砂が堆積していた。

発掘調査は、安全第一である。深く掘れば掘るほど、土の壁が崩落する危険があるため、数メートル深く掘る場合は、矢板を打ち込んで壁を補強したり、階段状に掘り下げるなど、安全性を考慮して調査しなくてはいけない。そのため、下の地層に行けば行くほど調査面積が必然的に狭くなるのが通常である。発掘の原因が小学校建設だったこともあり、第三〇次調査ではこういった調査面積の制約も少なく、旧石器時代の地層を広範囲に発掘することができたのである。

九〇ヘクタールのたった一〇メートル四方

三つめの奇跡は、調査区の設定である。全体の調査区は、建物の影響が遺跡に及ぶ小学校の校舎部分と体育館部分を中心に設定された（図6）。当初は、対象範囲全体で発掘を進めていたが、先行して下の地層の状況を早めに確認するため、一部分の深掘りを試みた。すると、そこから一九八二年の調査でみつかっていた黒い地層が確認され、樹木化石や植物化石などが出土したのである。

ただ、ここで注意しなくてはいけないことがある。樹木・植物化石などは、自然の樹木・植物などが地中に残っているだけで、これ自体は埋蔵文化財扱いになることは少ない。埋蔵文化財は、人類の痕跡があってはじめて「遺跡」とされるわけだが、設定したたった一〇メートル四方の深掘りした調査区から、旧石器時代の遺跡としての物証である焚火跡と石器が集中して出土したのである。この調査区の設定が少しでもズレていたら、人類活動の痕跡は発見されず、富沢遺跡は旧石器時代の遺跡として登録されることなく、発掘は継続されなかったかもしれない。

広大な仙台平野に位置する九〇ヘクタールもある広い富沢遺跡の中で、たった一〇メートル四方という狭い範囲を調査区として設定し、さらにピンポイントで石器や焚火跡を掘り当てたということになる。その後も富沢遺跡の発掘は継続して進められているが、現在でも石器や炭化物のまとまりなどは、片手の指で足りるほどしか発見されていない。そのように考えると、これまで見てきた保存条件のよさや発掘の原因などの奇跡と合わせ、この調査区の設定と発見

図６●絶妙な場所に設定された調査区
上：正方形の区画で石器や焚火跡が、長方形部分には埋没林が所狭しと広がっている。
下：石器と焚火跡が発見され、慎重な発掘が進められた。

は、天文学的な確率の奇跡と言っても言いすぎではないだろう。

遺跡保存への動き

奇跡の連続で発見された貴重な遺跡を見学してもらうために開催した現地説明会には、小雨まじりの天気にもかかわらず、約一二〇〇人もの市民が参集した（**図7**）。さらに調査期間中には、多くの研究者や関係者も遺跡を訪れ、その重要性を認識し、日本考古学協会や日本第四紀学会といった全国規模の関連学会から遺跡保存に関する要望書が提出されることになる（**図8右**）。

このような学界・市民からの強い関心と要望もあって、現地視察をおこなった仙台市長は、一九八八年八月二三日、建設予定だった小学校の敷地を別の場所に変更し、調査区範囲を中心に現地保存する方針を正式に固めることになる

図7 ● 現地説明会に詰めかけた多くの市民
現地説明会は何度も開催され、多くの市民が富沢遺跡の発見に興奮し、その重要性を認識することになった。

（図８左）。予定変更で起きるさまざまな課題や障壁を乗り越えたこのスピードと決断は、当時の市長や関係諸機関・調査担当機関の文化財への理解と熱意があって成り立ったものである。これもまた、富沢遺跡をめぐる奇跡の一つに数えてよいのかもしれない。

保存が決定された後も発掘調査は継続され、さまざまな分析に必要なサンプルを採取するとともに、遺跡をどのような方法で保存し公開するかという新たな問題が立ちはだかることになる。この時点では方向性が固まるまで樹木が乾燥・変形したりしないように粘土で樹木を保護し、最終的には盛土保存され、新たに光を浴びるのを土の中で静かに待つことになった。

富沢遺跡を完全保存

長町南小校舎建設　白紙に

旧石器研究の拠点へ

仙台市教委　代替地探しに全力

新設小学校の建設と絡んで注目されていた仙台市・富沢遺跡の保存問題で、仙台市教委は二十日までに、遺跡の上に計画していた長町南小（仮称）の建設を取りやめて、遺跡を現状のままそっくり完全保存する意向を固めた。市教委は小学校を建設する代替地を周辺地区に物色中で、数カ所の候補地を挙げ、地権者と交渉している。

世界に例がない旧石器遺跡は、小学校の建設が中止され、完全保存されそうだ

長町南小の建設に先立って行われた富沢遺跡の発掘調査ではこれまでに、二万三千年前の氷河期を生きた旧石器人がたき火を囲んで石器作りをした跡とともに、多数の樹木や下草、昆虫、シカのふんなどがそろって見つかっている。

仙台市教委は、旧石器時代の生活環境を知る世界に類例のない超一級の文化遺産として、保存に万全を期すことを決め、四月に長町南小の開校を当初計画の六十四年度から六十五年度へ、一年延期することを決定。発掘現場に地下式の〝旧石器博物館〟、地上に校舎を建設する構想を打ち出した。

ところが、遺跡の保存法を検討した結果、遺跡を完全保存するには工期が掛かり過ぎ、小学校の開校が六十五年度からさらに一年延びることが分かった。一方、遺跡の考古学的評価が一層高まり、考古学研究者の最大組織である日本考古学協会（江上波夫会長）が今月初め、石井仙台市長らに①遺跡の完全な現状保存を図る②保存施設は東北の埋蔵文化財保存科学センターとして整備する―との要望書を提出している。

このため、市教委は校舎と〝旧石器博物館〟が同居する形での保存では、この遺跡の価値をそのまま後世に伝えるのは難しく、社会教育施設としても中途半端になると判断。遺跡の完全保存、活用を優先させ、現地への学校建設を中止する意向を固めた。市当局は、現在交渉中の代替地取得のメドがつき次第、最終的な態度を決める。

しかし、代替地が確保できても、既に決まっている長町南小の学区の変更は避けられず、しかも、開校年度が六十六年度にずれ込む恐れもあるため、地元の〝理解〟が不可欠となる。

富沢遺跡「世界に類例ない」

現状で永久保存を

日本考古学協会　仙台市に要望書提出

旧石器時代の生活環境をそっくり残している仙台市の富沢遺跡について、考古学研究者の最大組織である日本考古学協会（江上波夫会長）は一日までに、仙台市当局に対して現状のままで永久保存するよう求めた要望書を提出した。協会が自治体に遺跡の完全保存を働き掛けるのは極めて異例のこと。

富沢遺跡を視察する大塚副会長（左から2人目）ら日本考古学協会の役員＝7月24日

要望書は石井仙台市長、高沢仙台市議会議長、藤井仙台市教育長あてで郵送され、一日に届いた。その中では「富沢遺跡は二万三千年前の旧石器人の生活環境を知る世界に例のない遺跡だ」と述べ、①出土した状態のまま、一切手を加えずに保存する②保存施設には、東北地区の埋蔵文化財保存科学センターとしての機能を持たせる―ことなどを求めている。

日本考古学界の重鎮である協会の役員十五人が、七月二十四日に富沢遺跡を視察。その際、仙台市が今月上旬までに遺跡の保存手段や範囲について結論を下す予定であることを知り、急きょ、今回の要望を決めた。協会副会長の大塚初重明大教授は「日本にとって掛け替えのない文化遺産だけに、仙台市の大英断を期待する」と話している。

富沢遺跡の発掘地点は、新設小学校の建設予定地（六十

重な遺跡を守るため、地上を小学校、地下を〝旧石器博物館〟として保存する方針を固め、具体的な保存手段を練ってきた。しかし、十分な時間と工事費を掛けて完全保存するか、予算や小学校開校のタイムリミットをにらんだ簡易保存にとどめるかで、現在、苦しい選択を迫られている。

考古学協会の今回の要望は、市当局の最終判断に一定の影響力を及ぼしそうだ。

「河北新報」1988年８月21日　　「河北新報」1988年８月２日

図８●「大発見」と保存のむずかしさを伝える当時の新聞記事
遺跡の数々の発見は何度も誌面を飾り、保存決定までの葛藤の様子も報じられている。

第2章　自然環境の復元

1　低地の遺跡

「郡山低地」とよばれる特徴的な低地環境

「富沢」という漢字の意味をよく考えてみると「富んだ沢」、つまり「沢が多い土地」を意味する。これは地名のとおり、水気が多いという特徴のある土地であり、居住地としてよりも、その特徴を活かした水田地帯としての歴史が長いことを意味している。周辺にも「鍋田」や「中谷地」など、低湿地な環境を示す地名が残されている。

七〇年ほど前の富沢周辺の航空写真をみてみると、遺跡周辺のほとんどが水田地帯で、宅地は数えるほどしかみられない（図9）。

九〇ヘクタールの遺跡は、北を広瀬川、南を名取川という仙台平野を代表する二つの河川と、西側を青葉山からのびる丘陵に囲われた三角形の地帯に位置している。この場所は「郡山《こおりやま》低地」とよばれる特徴的な低地環境である（図10）。

この郡山低地は、東西で大きく環境が異なっており、東側は広瀬川と名取川のたび重なる氾濫と流路変更が起きたことで、自然堤防が発達している。

それに対して、富沢遺跡の位置する郡山低地の西側では、広瀬川や名取川の影響を直接受けた形跡（旧河道）はなく、丘陵から流れてくる小河川（二ツ沢、金洗沢）の影響を強く受けた。礫などの大きな堆積物は少なく、小河川が運んでくる砂や粘土などが堆積し、湿地帯が広がっていた

図9 ● 1956年の富沢遺跡周辺
遺跡周辺のほとんどが水田地帯だったことがよくわかる。
現在、遺跡の周辺の水田は数えるほどしか残っていない。

ことが、発掘調査と遺跡周辺のボーリング調査によって明らかになっている。

一見すると真っ平らな低地にみえるが、詳細に地形を復元していくことで、富沢遺跡周辺のみが鍋底のような窪地となっており、そこに湿地帯が発達したようだとわかる。

「富沢水田遺跡」だったころ

では、このような風景はいつごろからつづいていたのであろうか？

その答えは、一九八二年からおこなわれた地下鉄南北線にかかわる発掘調査などで明らかになっていった。何度か地点を変えておこなわれた発掘調査によって、弥生時代〜江戸時代までの水田跡が累々と重なって発

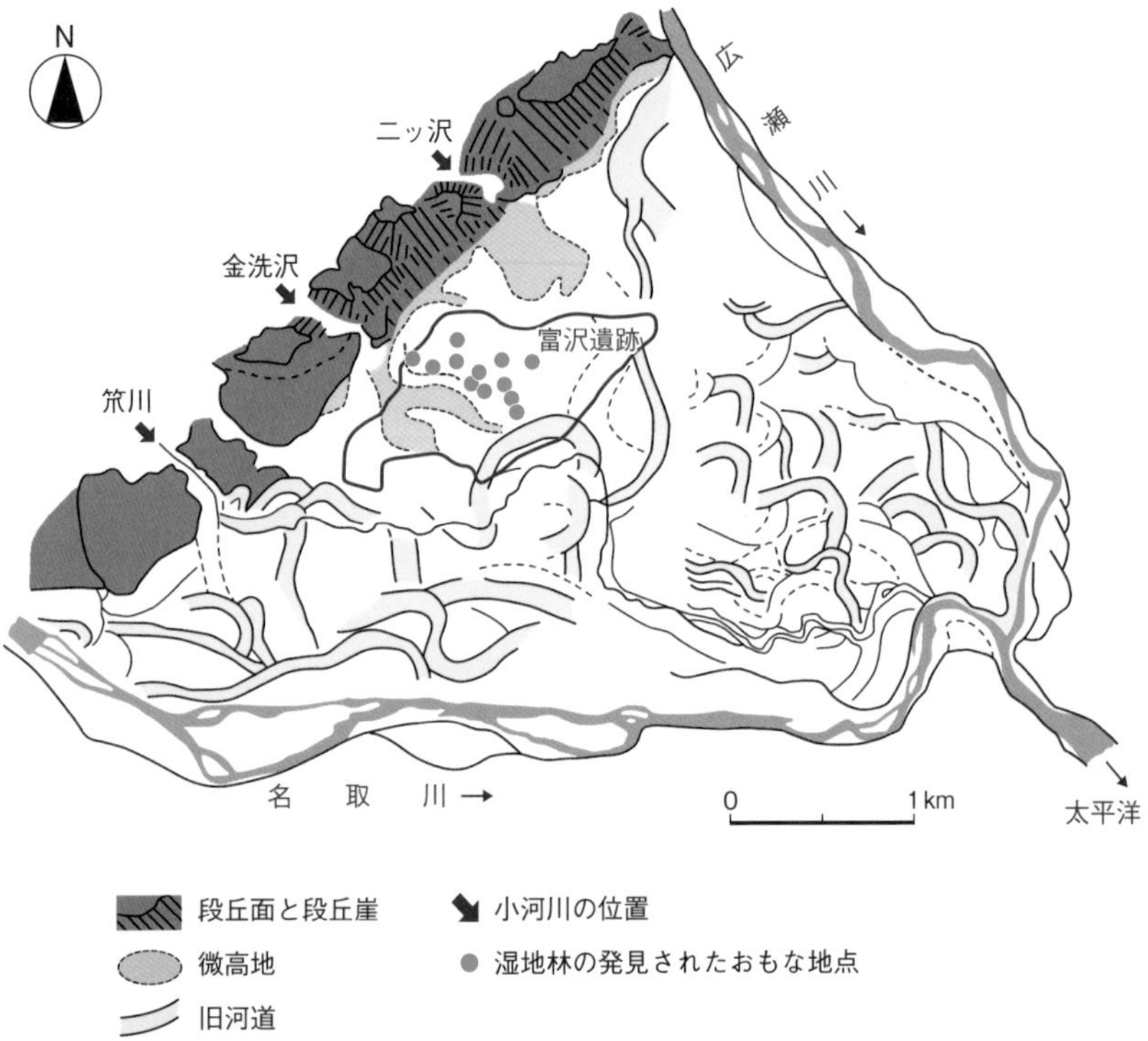

図10 ● 富沢遺跡周辺の地形環境（原図：豊島正幸作成）
川と丘陵にはさまれた低地にあって、遺跡周辺は小河川が土砂を運ぶ環境にあったことがわかる。

見されたのである。そのため、遺跡の名称は「富沢水田遺跡」として登録されることになる。遺跡の名称に遺跡の具体的な性格を示す言葉が入ることは珍しく、いかにこの成果が重要なものだったかがわかるだろう。

当時、東北地方では弥生時代になっても水田稲作はおこなわれず、縄文時代以来の狩猟採集社会が継続していたと考える研究者もいた。それが、富沢遺跡に先行して発見されていた青森県田舎館《いなかだて》村の垂柳《たれやなぎ》遺跡の調査とともに、富沢遺跡の弥生時代の水田跡の発見は、確実に東北地方でも水田稲作がおこなわれ、コメを生産していたということを証明したのである（図11）。そして、富沢遺跡では、弥生時代以降継続して現代まで水田がつくられつづけてきたという、その特異な歴史性が明らかになったのである。これが「富沢水田遺跡」とされた由縁である。

しかし、現在は遺跡名から「水田」の文字はとり除かれている。なぜなら、その後、発掘調査が進められる中で、弥生時代の水田跡のさらに下の地層から縄文

図11 ● 弥生時代の水田跡
小さな畔で区画する特徴的な水田の形態が鮮明になり、
東北地方の弥生時代像を大きく変えた遺跡でもある。

時代の地層が確認されたり、周辺で中世の生活域が明らかにされたりするなど、水田遺跡としての性格だけではなくなったことから、一九八七年に「富沢遺跡」と名称は変更された。

2　地層の解明

縄文、そして旧石器へ

第1章で述べたように、一九八二年の調査の際、水田跡の下にさらに古い人類活動の痕跡がないかを調べるため、試験的に深く掘った地点があった。

その深掘りした場所の一部で、縄文時代に堆積したと思われる火山灰が確認された。その火山灰の年代を測定したところ、約五五〇〇年前の火山灰であることがわかった。

その後の調査地点でも同様の火山灰が発見され、その噴出源は青森県の十和田火山から縄文時代前期に噴出したものであることが確認され（十和田―中掫《ちゅうせり》テフラ）、縄文時代の土器や石器も出土している（図12）。第三〇次調査も含めたその後の調査でも、縄文時代早期～前期、後期の遺物が出土していて、富沢周辺を断続的に縄文人が訪れていたことがわかっている。

このように、過去を探求するための深掘りによって、しだいに遺跡の年代が古くなっていく。ただし、旧石器時代の地層が地中深くに広がっていた可能性が指摘されながらも、水田跡や縄文時代の地層の調査も非常に重要なものであり、なかなか旧石器時代の地層までは調査されず、本格的な調査の機会が待たれていたのである。

ついにその時が！

そしてついに一九八七年、小学校建設にともなって広範囲の発掘調査がおこなわれることになる（第三〇次調査）。建設予定地は、遺跡の中心地でもあることから、これまでの調査の成果との比較を通して、地層間の対応関係を把握することなどが調査目的とされた。

当初の予想どおり、江戸時代から弥生時代までの水田跡が累積して出土した。水田跡の調査だけでも相当な時間がかかることから、水田跡の調査は継続しながら、調査の見通しを得るために一部先行して調査区を深く掘り下げ（図13）、より古い時代の状況を把握しようとした。その結果、縄文時代の地層も確認され、

図12●縄文時代の地層からあらわれた火山灰（上）と土器や石器（下）
出土量は非常に少ないものの、縄文時代の人びとが富沢周辺を生活の舞台にした貴重な証拠である。

石器や土坑も発見されている（図14）。この時点で、地表下約三メートルの深さであった。ここまでは、これまでの調査成果から考えて想定の範囲内であった。問題はその下層である。

刻々と迫る調査期限と新たな発見に対する期待が錯綜する中、深掘りした調査区を地表下五メートルまで掘り進めたときに、長らく追い求めていた旧石器時代とみられる黒い地層がついに姿をあらわしたのである。

この地層は上から数えて二六層目のため「二六層」とよばれた（図15）。ただ、一九八七年の調査時は、調査区が非常に狭い範囲だったうえに、地下水や雨水の冠水などで、安全性が確保できないことから、くわしい調査をおこなわずに、冬期間の室内整理に入り、

図13 ● 水田跡の調査と同時に進められた過去への追究
調査地区の一画を先行して掘下げ、縄文・旧石器時代の地層を探している。

調査は中断する。中断の間、二六層からサンプルとして回収していた樹木化石の樹種同定と年代測定の分析などを専門家に依頼して、首を長くしながらその結果を待つことになる。

そして、翌一九八八年三月に調査は再開される。そのときにはすでに、前年に依頼していた樹木化石の分析結果が出て、調査担当者に伝えられていた。樹木化石は約二万三〇〇〇年前のトウヒ属であるという結果で、花粉分析の結果もこれを支持していた。この報を聞いた担当者は「「これはすごいぞ」と興奮した」と、新聞に当時を振り返って語っている。

こうして二六層が年代的に旧石器時代のものであることがわかったことから、当時の植生や環境についての詳細なデータを得るために、他の調査地区でも新たに深く掘り下げることが決定した。

旧石器時代の調査は、二六層を基本層として設定し、その上下の地層

図14●縄文時代の土坑と石器
竪穴状の土坑や石器などが出土した。

図15 ● 富沢遺跡第30次調査の基本土層

地表面から5ｍ下にある黒い地層が「26層」で前後の「25層」と「27層」を中心に調査が進められた。右の写真が旧石器時代の地層。

である「二五層」と「二七層」も含め発掘が進められることになる（図15）。

富沢に旧石器人の痕跡が！

そして調査再開から一カ月も経たないころに大きな発見があった。遺跡北東に設けられた一〇メートル四方の調査区の二六層中からつぎつぎと樹木化石や植物化石が出土したのである。

その地層を慎重に掘り進めていた一人の作業員が二七層上面で「何かにカチンと当たった」と担当者に報告をおこなった。半信半疑の中でそれを確認すると、二万年前のものと思えないほどの生々しい輝きを放った石器が姿をあらわした（図16）。担当者は、「旧石器時代の森の中だから、木以外のものは出ないかもしれない」と思っていた中での大発見であった。

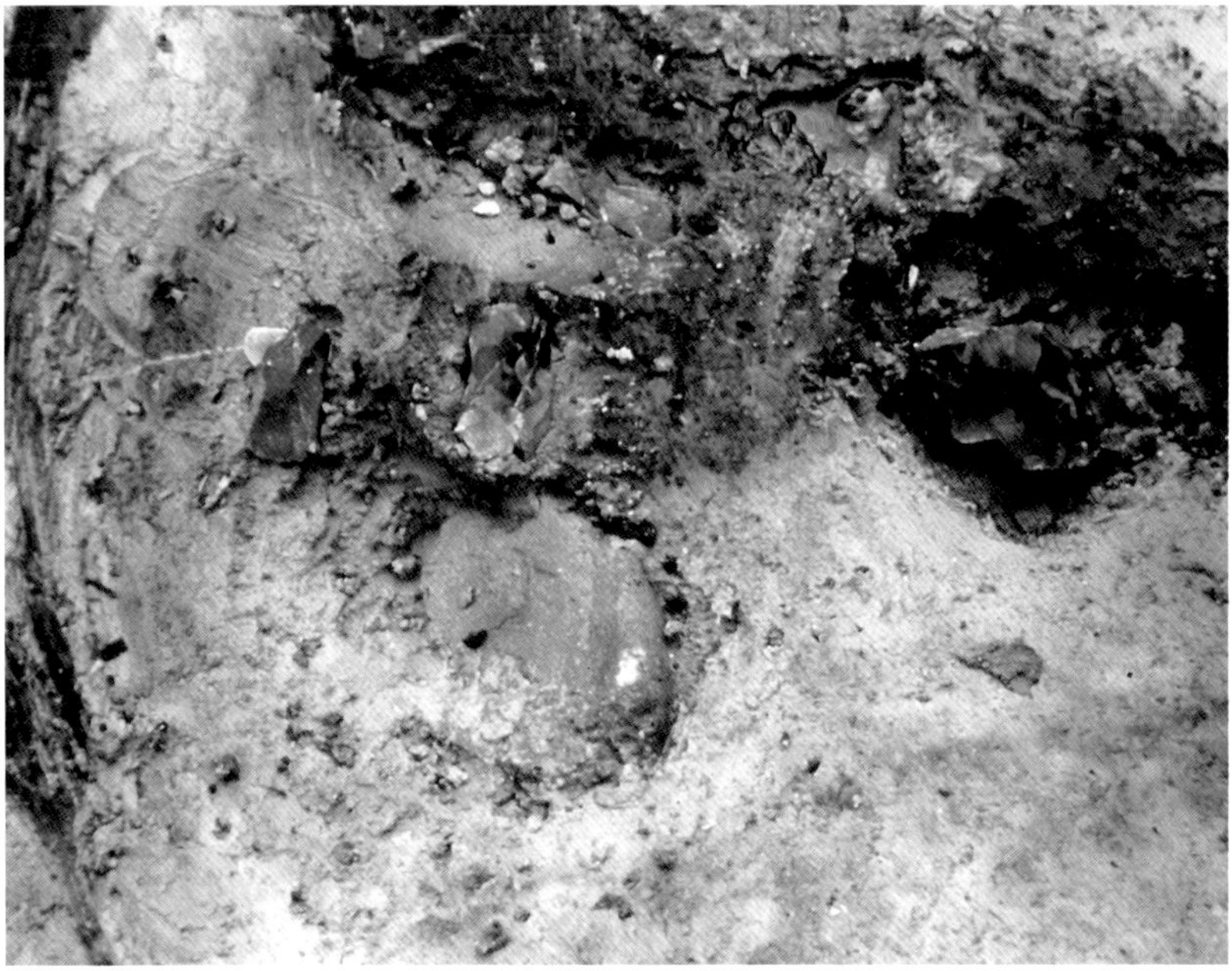

図16 ● 北東側で出土した石器
バラバラに出土した石器は、焚火跡周辺からの出土だった。それぞれ接合することから、この場所で石器を製作したことがわかった。

驚きとともに発掘は進み、その数は五〇点を超え、報告書には「この思いがけない大発見に調査現場は大いに沸いた」とある。こういった感情的な表現は通常は報告書内に記載されないことからも、当時の現場の盛り上がりがわかるだろう。

新しい発見はさらにつづく。石器の出土したすぐ近くで、小さな炭化物の集中するところが発見された（**図17**）。炭化物は非常に狭い範囲から出土したことや、石器との関係などから考えて、人為的に燃やされてできた痕跡で、つまり旧石器人がここで焚火をした場所と推定された。

ここに、重要な旧石器時代の「遺跡」としての証拠がみつかったことで、調査対象範囲が広げられ、発掘は熱気とともにさらに本格化していく。

姿をあらわす旧石器時代の環境

知らせを聞いた考古学や関連科学分野の研究者がつぎつぎと遺跡を訪れ、その重要性を訴え、新

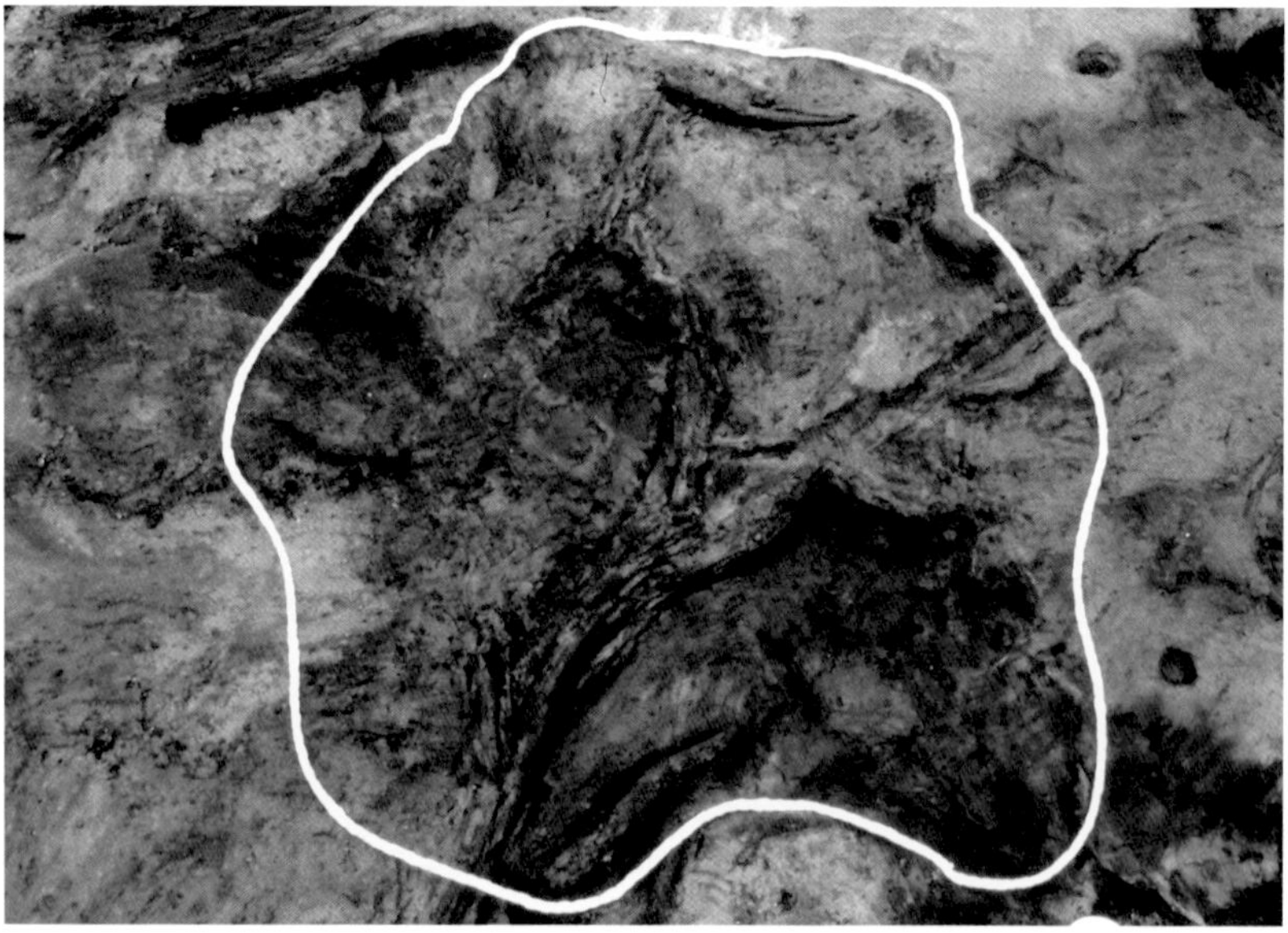

図17●狭い範囲からみつかった炭化物片
白いラインが主に炭化物がまとまって出土した範囲を示す。
意図的に燃やさない限りこのような残り方はしない。

聞などでも大きくとり上げられるようになる（図８参照）。このこともあって、学校建設の延期と調査期間の延長が決定し、あらたな発見の奇跡が連鎖していくことになる。

調査区が広げられたことで、焚火跡の南西側からは、おびただしい数の樹木・植物化石が姿をあらわした。詳細な調査と専門家との検討を通して、それらは一度に生育していたものではなく、二七層から二五層にかけて盛衰をくり返しながら長期間生育していたものと考えられた。また、当初針葉樹の球果と考えられていた黒い粒のまとまりは、動物のフンであることがわかり、小さな昆虫の化石なども色鮮やかに発見された。

さらに、面的に調査することで、遺跡内の微妙な地形の違いも明らかになっていった。石器と焚火跡が出土した周辺は標高が高く、乾燥傾向であったのに対して、西側にいくほど低くなり、木材・植物化石も多く出土するという傾向があり、湿性の高い場所と考えられた。

3　樹木・植物の分析

富沢遺跡がもたらした情報量は、当時の旧石器時代研究を大きく変えるものであり、考古学を専門とする調査担当者のみでは手に負えるものではなかった。さまざまな他分野の専門家の分析手法を持ち寄ることで、旧石器時代の自然環境を丸ごと復元できる可能性があり、調査中から地質学・植物学・昆虫学・年代学など、数多くの研究者が発掘と同時進行で分析・研究をおこなった。発掘調査が終わった後にも、それぞれの分野の研究成果を持ち寄り、何度か検討会をおこなうなどして、相互の情報を共有しながら最終的な報告がなされることになる。

樹木化石からわかったこと

樹木化石は、大きく根株と樹幹（倒木）に分類され、計三二一本が発掘されている。それら全点の樹種を植生史が専門の鈴木三男・能代《のしろ》修一が調べた。その方法は、木材をカミソリで薄くカットした「切片」とよばれる試料を顕微鏡で観察し、その組織の特徴から何の樹木かを同定していくものである（図18）。

その結果は図19のとおりである。常緑性針葉樹のトウヒ属とモミ属に、落葉性針葉樹のカラマツ属が混在するのが基本で、落葉性広葉樹のハンノキ属やカバノキ属も少量含まれている。とくにトウヒ属とカラマツ属は、幹の太さが五〇センチを超え、根も非常に大きいものが多かったのに対して、モミ属は細いものが多かった。そのことからも構成樹種は、トウヒ属・カラマツ属にモミ属が散在するようなもので、亜寒帯性針

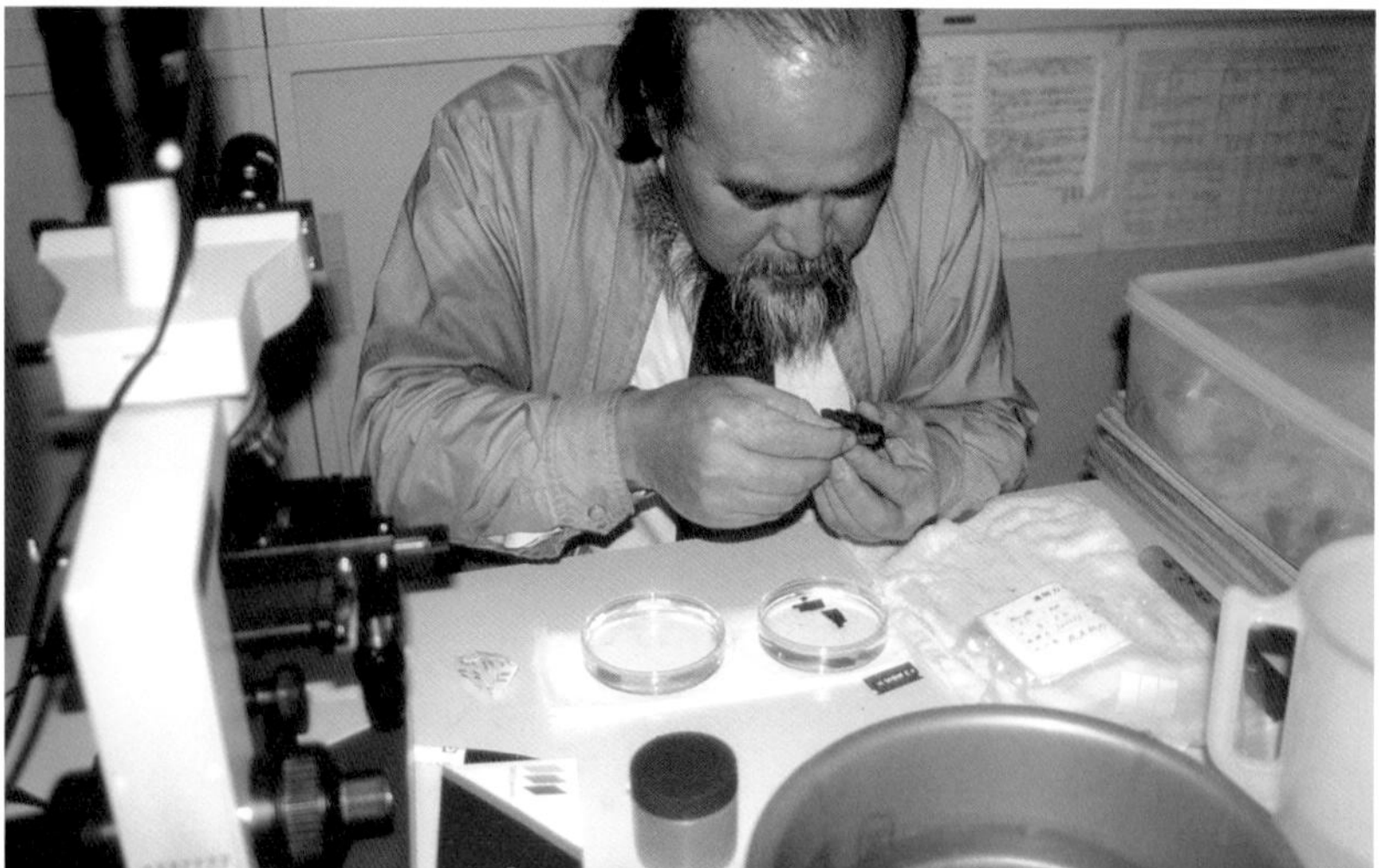

図18 ● 樹種同定作業（鈴木三男氏）
樹木化石から、カミソリの刃で薄い切片を切り出している。
顕微鏡で観察し、同定をおこなう。

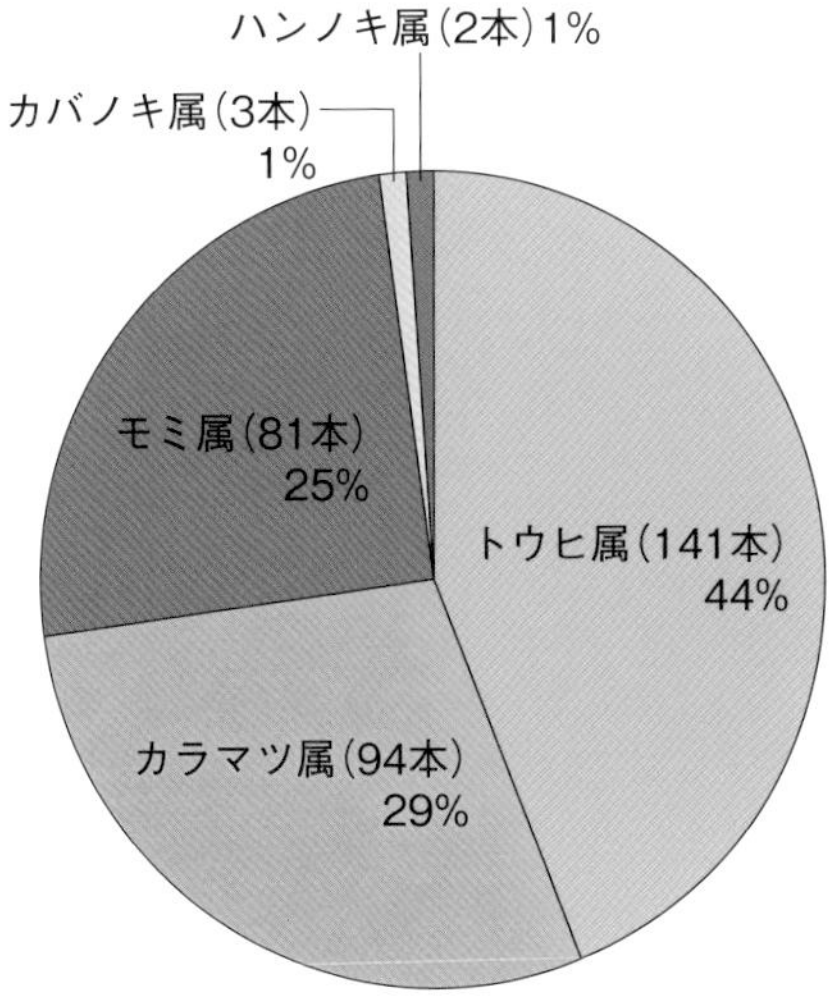

葉樹林が広がっていたと考えられた。

　ただし、ここで注意が必要なのは、約三〇〇本の樹木が同時に生育していたわけではないことだ。発掘調査の段階でも、樹木がどの地層が堆積していたときに生えていたのか悩みながら、慎重に発掘が進められた。というのも、二五～二七層の堆積環境や厚さは一様ではなく、その判断は困難を極めた。現

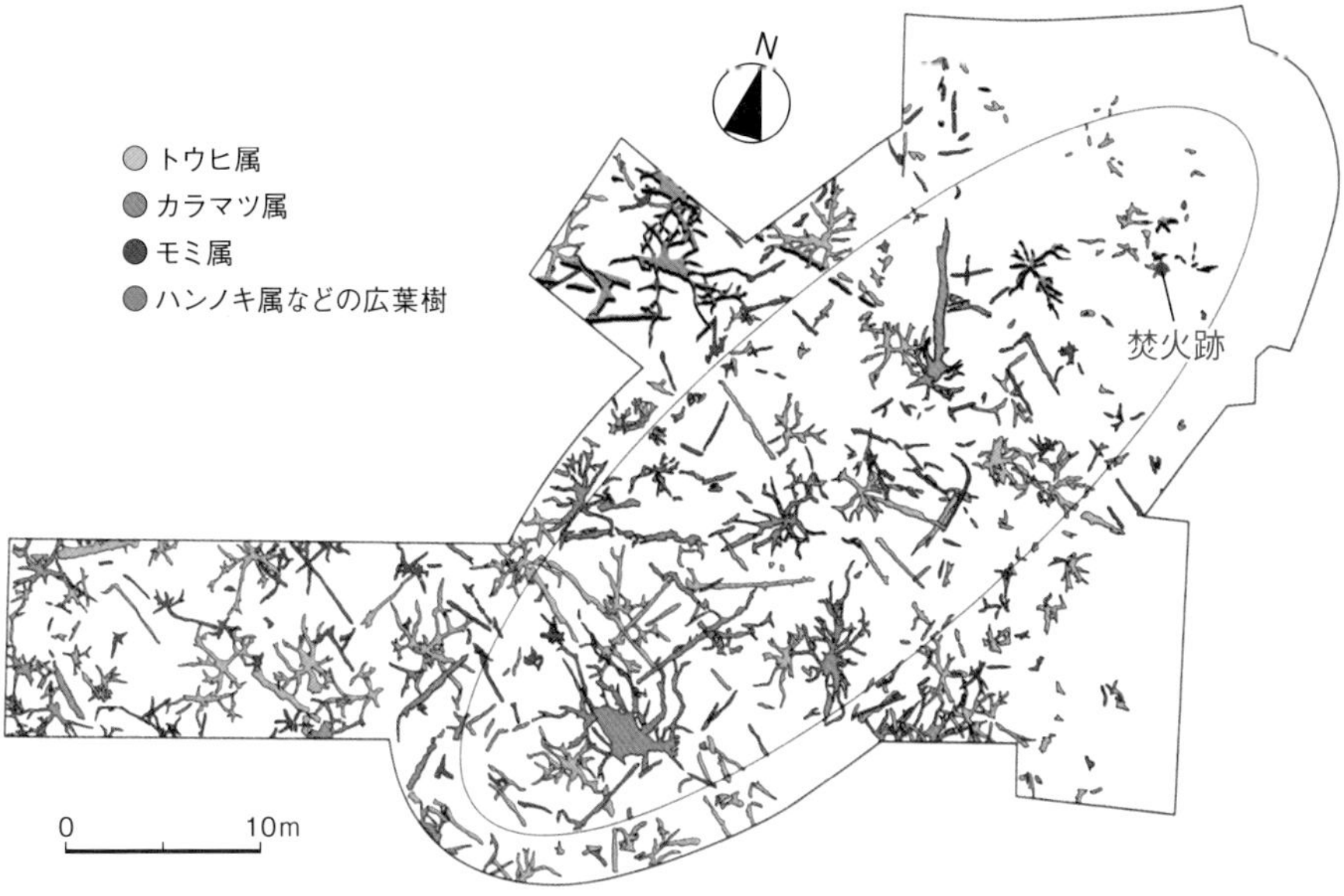

図19 ● 出土樹木化石の樹種
遺跡全体でトウヒ・カラマツ属が多く、広葉樹のハンノキ属などは少ないことがわかる。

場での徹底した調査と専門家の分析、そして調査後におこなわれた二回の植生検討会を通して、各樹木の帰属時期が決められることになる（図20）。

その結果、一部二七層まで根が張っているものがみられるものの、基本的には二六、二五層の時期に生育していたものと考えられた。内訳は、二六層で六四本、二六〜二五層が七二本、二五層が一七九本であった。

先にみた地形の復元と樹木化石の関係から、遺跡内部の地形について少しくわしくみてみよう（図21）。二七層が堆積したときには、すでに窪地が形成されていたが、まだ樹木はまばらに生育する程度であった。基本層である二六層が堆積する段階になると地下水位が上昇するなどしたが、樹木が安定して生育していたようである。二六層の土の色は黒色であり、これは植物が腐食することによってで

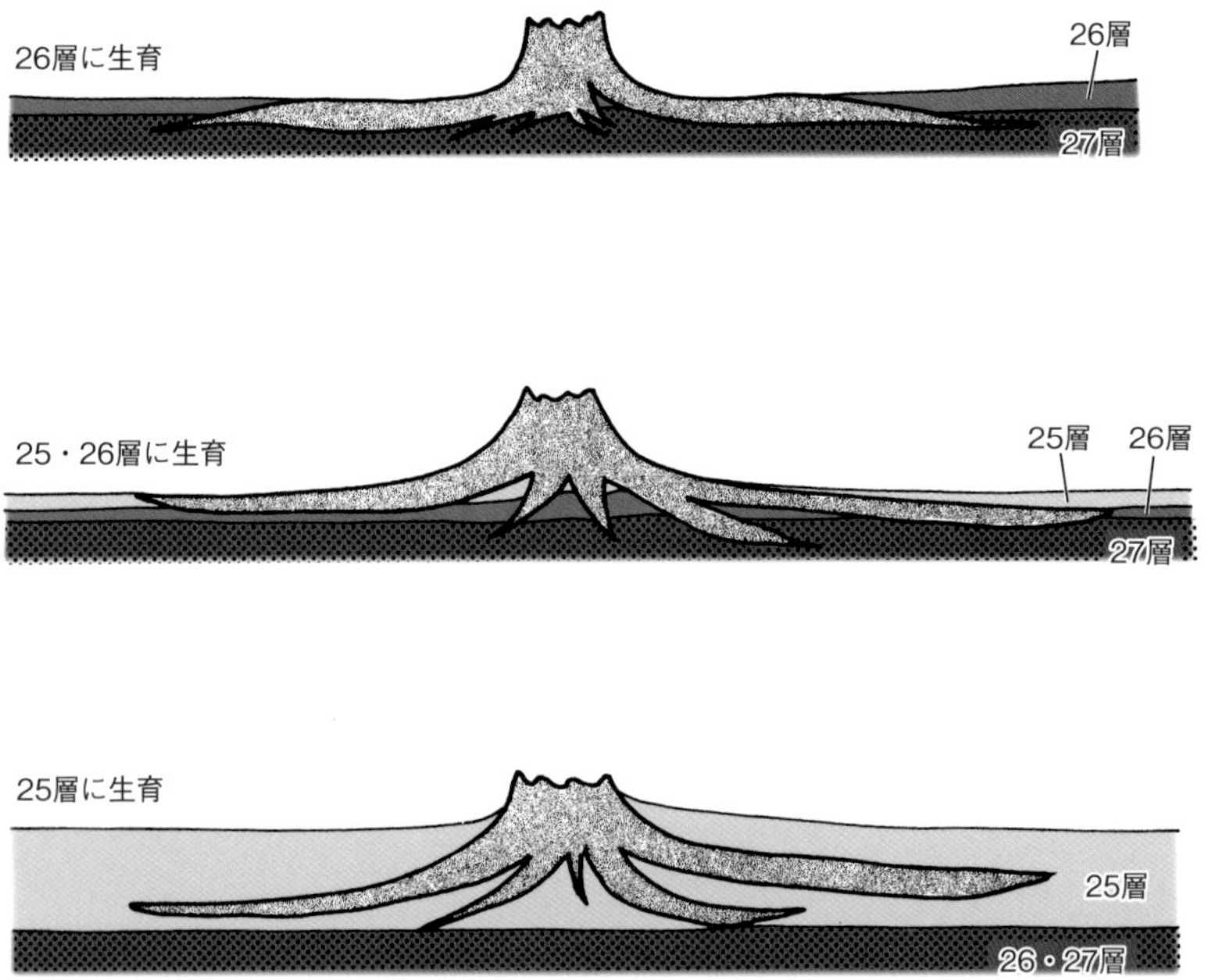

図20●樹木化石の帰属層の判断基準
根株は下の層まで入り込むため、その判断はむずかしく、慎重な調査がおこなわれて決定された。

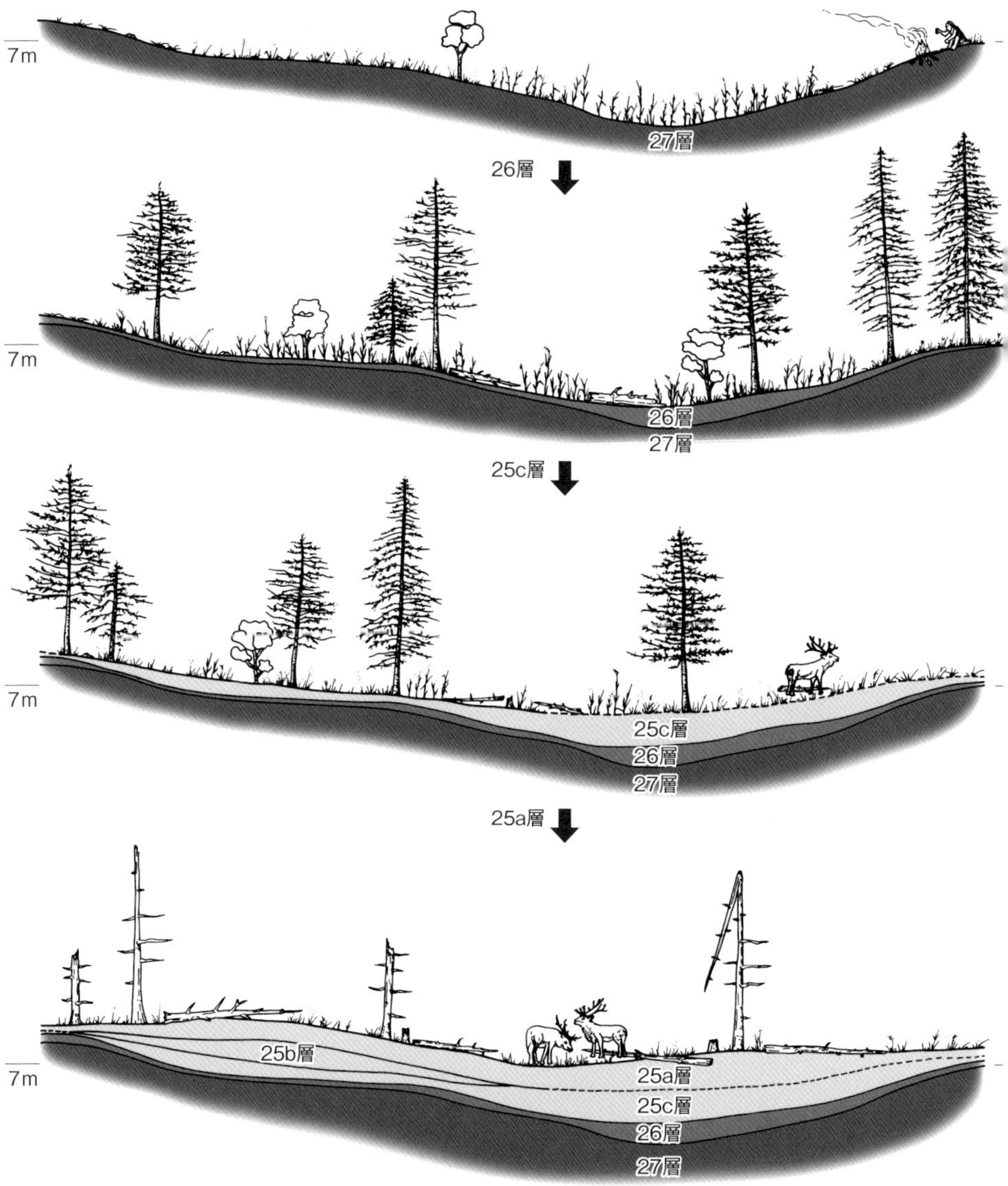

図 21 ● 遺跡の地形と自然環境の変化
旧石器人が遺跡を訪れた後、27 層の上に 26 層が重なり、さらに 25c 層、25a 層と堆積してゆくとともに、地形や環境が少しずつ変化していったことがわかる。

きるものであって、湿地林が安定していたことを示す。二五層でも安定した環境であったようだが、しだいに地下水位が上昇することなどで、生育環境が悪化していったと考えられた。

つまり、二七層では、樹木はそれほど生育しておらず、乾燥傾向にあったと考えられる。その後、二六層になり環境が安定するなかで、動物や昆虫などにとっても生育環境がよくなっていき、ここに多くの化石が残されるようになったというわけである。

ただし、樹木化石の分析結果は、あくまで残存した根や倒木からのみ知り得る情報のため、大きく属レベルまではわかるが、よりこまかな種レベルまではわからない。さらに、当時生育していたはずの低木や草本類などの情報は得ることができない。そういった部分を補うのが、植物化石や花粉などの分析調査である。

植物化石からわかったこと

遺跡からは球果（まつぼっくり）・種子・葉・枝などの植物化石も出土している（**図22**）。おもに古生物学者の鈴木敬治が分析し、最終的に九科一三属一七種に分類された。二五・二六・二七層それぞれから出土しているが、上層にいくにしたがって分類群の数が増加するという傾向があった。

おもなものをみてみよう。樹木化石でももっとも多かったトウヒ属の球果は、トミザワトウヒとコウシントウヒに同定された（**図22①②**）。トミザワトウヒはその名前からわかるように、富沢遺跡でまとまって出土したことから、地名をとって名付けられた絶滅種である。出土球果の数としてはもっとも多く、一〇〇〇点以上出土している。現生の種としてはアカエゾマツ（図23①）に類似するものの、形態的に異なる点があることから別種として分類された。

つぎに多かった球果はカラマツ属の球果で、計三〇〇点以上出土している。一部枝に付いたままの状態のものも出土している（図22③）。形態的な特徴から、その多くは現在日本には生育しておらず、より北方に分布するカラマツ属グイマツと同定された（図23②）。

モミ属は樹木化石としては多いものの、球果の出土は少なく、葉が少量出土しているのみで、種の同定には至っていない。

また、樹木化石としては出土していないものの、チョウセンゴヨウの種子が四六点出土している（図22⑤）。この種子はいわゆる「松の実」で、寒冷な気候で育つ数少ない食用となる植物の一つである（図23③）。出土した多くに、リスやネズミなどの齧歯《げっし》類が食べたような痕跡が残っており、チョウセンゴヨウの生育していた場所は陸地化していたことが想定される。

草本類の種子は、スギナモ属やスゲ属などの出土量が多い。また、ヨシ属の葉も出土しており、これらの草本類の植物化石は水生・湿生植物のもので、周辺には湿原が広がっていたことが推定される。

他には、ハンノキ属やヤナギ属・シラカンバの葉（図22④）、樹皮（図22⑥）などが出土している。

これら植物の構成は、現在の北海道北部以北や山地帯に分布する針葉樹と広葉樹が混在する湿地帯の植生によく似ており、現在の仙台付近の環境とは大きく異なることがわかる。また、

①トウヒ属の球果

②トウヒ属の球果

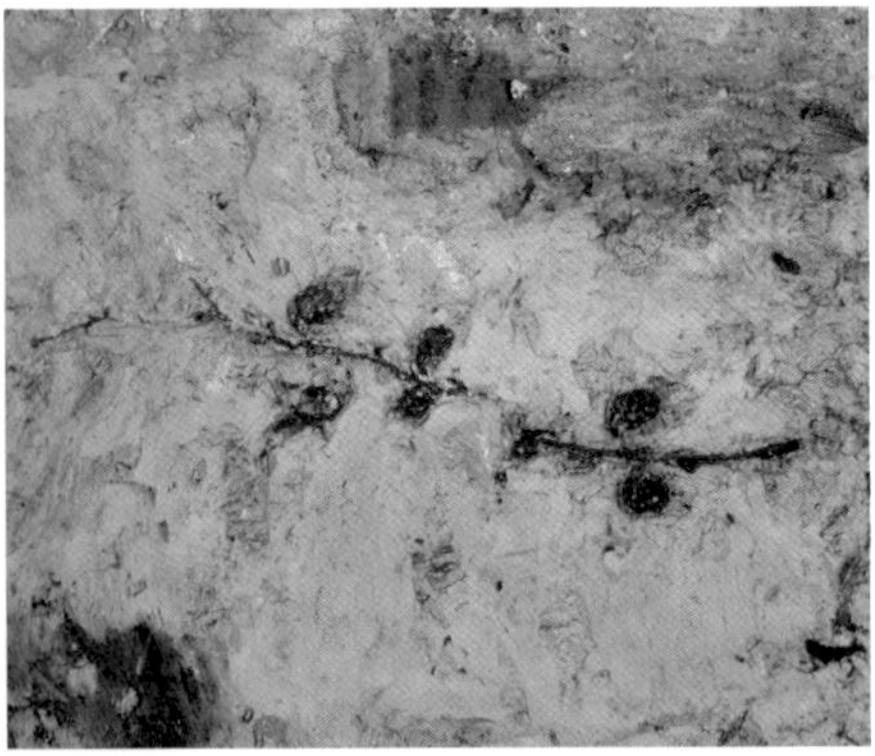

③枝付きのカラマツ属の球果

④シラカンバの葉

⑤チョウセンゴヨウの種子

⑥樹皮

図22 ● 数々の植物化石
球果、葉、樹皮などが、当時の姿を残して鮮やかに出土した。

①アカエゾマツ

②グイマツ

③チョウセンゴヨウ

図23●「氷河期の森」でみられる代表的な高木（写真：長田麻里）
地底の森ミュージアムの野外展示「氷河期の森」では、現生の植物を観察できる。

マツ科の構成から降水量の少ない乾燥気候であったことが指摘されている。

花粉と植物珪酸体にみる富沢の環境

樹木や植物化石などは発掘作業中に肉眼で発見しやすいが、樹木化石は木本類のみを示し、植物化石は大型のものが中心となってしまう。草本類を肉眼で発見することは、むずかしい。それを補う分析方法としては、花粉分析と植物珪酸体《けいさんたい》分析がある（図24）。

花粉分析は、採取した土壌を薬品で処理をして、花粉や胞子を抽出したのち、プレパラートを作製して顕微鏡で観察、同定することで当時の植生や気候環境などを推定する方法である。非常に微小な化石であるが、多くの情報を与えてくれる分析法である。属レベルまでの同定になるものの、草本類などの情報を多く含むメリットがある。

富沢遺跡でもそれぞれの地層で花粉分析のために土壌サンプルが採取され、古生態学が専門の守田益宗《よしむね》が分析した。二六層の分析成果をみると、樹木・植物化石の分析成果と同様、高木はトウヒ属・カラマツ属・カバノキ属がおもな構成樹木で、低木としてはツツジ科やハシバミ属などが多く生育していたようである。下生えとしての草本類はカヤツリグサ科・ヨモギ属・キク科・セリ科などが確認されている。また、数は少ないがミツガシワ属などの水生植物（図41参照）も検出されている。

これらの分布の濃淡から、乾燥したやや高い場所にはツツジ科が多く、湿潤な場所にはカヤツリグサ科が多く生育していたと考えられた。これは地形分析やつぎに紹介する昆虫と珪藻《けいそう》の分析成果ともおおむね一致する結果であった。

　植物珪酸体の分析もあわせてみてみよう。植物珪酸体は、植物の細胞内につくられた珪酸分で、ガラス質のため土中に残りやすい特徴がある。プラント・オパールの名称のほうが馴染みがあるかもしれない。植物珪酸体は、とくにイネ科の植物によく含まれることがわかっており、それらの植物の存否や多少を調べるのに有効な手段である。土壌中の植物珪酸体を抽出し、プレパラートにして顕微鏡で四〇〇〜一〇〇〇倍にして観察、同定する。分析結果は、タケ亜科を主体として、カヤツリグサ科やイチゴツナギ属なども生育する植生が広がっていたことがわかった。くわしい種類は分かっていないが、少量のシダ植物も確認されている。

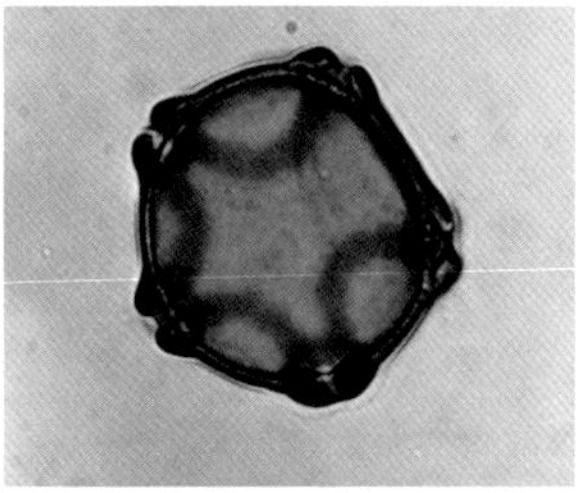
ハンノキ属の花粉

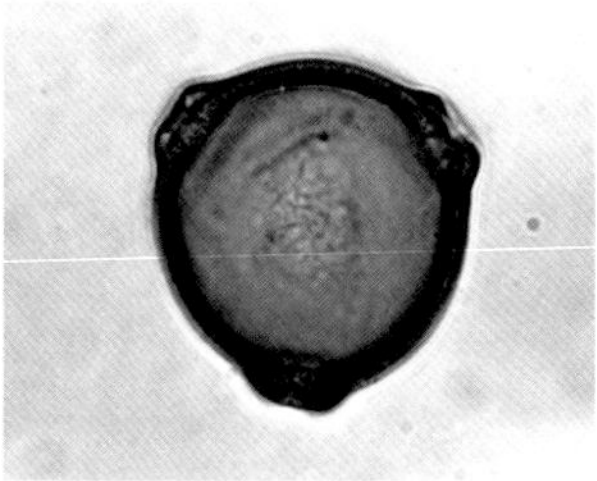
カバノキ属の花粉

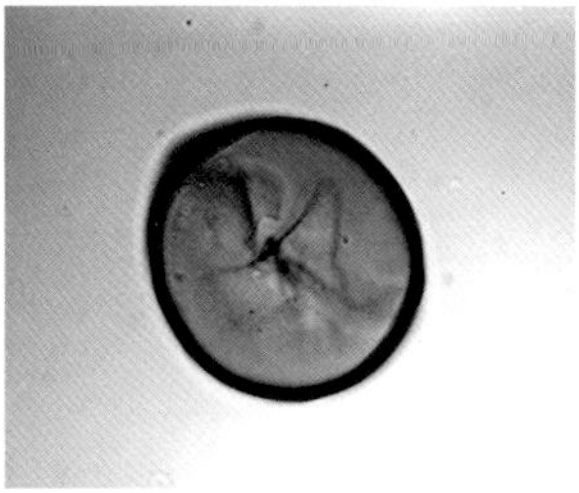
カラマツ属の花粉

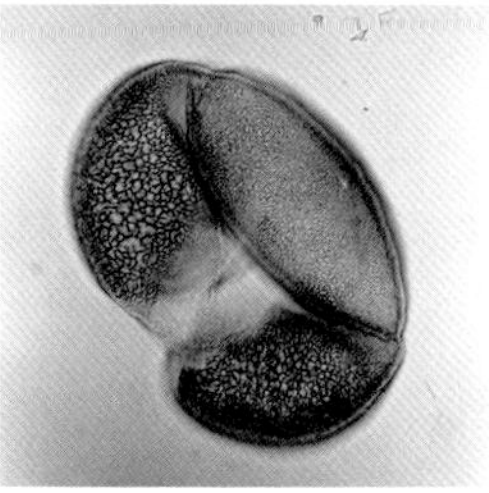
トウヒ属の花粉

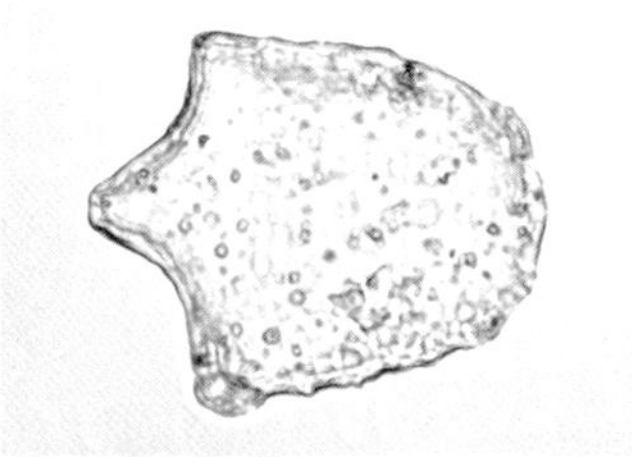
ヨシのプラント・オパール

図24 ● 花粉と植物珪酸体の顕微鏡写真
肉眼では見えない大きさだが、顕微鏡で観察して一つひとつの形の違いから分類していく。

4 昆虫・動物の分析

昆虫と珪藻から環境を復元する

遺跡の地層の中には、非常に小さな生物の化石が残されていることがある。肉眼で観察可能な昆虫は、発掘でみつかる場合もあるが、より多くの昆虫化石を回収する目的で、富沢遺跡の発掘では土壌をブロックとして採取して、室内で水洗選別をして検出する方法を採用した。分析は昆虫生態学者の森勇一がおこない、二五〜二七層から昆虫化石が計七六点確認され、同定作業がおこなわれた。昆虫化石の多くは羽根などの堅い部分のみで、その形状や表面の特徴などから種が特定される。

昆虫は大きく分けると、水辺を好む水生昆虫と陸地を好む地表性・陸生昆虫に分類された（図25上）。水生昆虫は、ヒメゲンゴロウ亜科六点と湿地を好むエゾオオミズクサハムシとシラハタミズクサハムシが各一点確認された。地表性昆虫としては、オサムシ科が一七点ともっとも多く、陸生のハムシ科やゾウムシ科、キンスジコガネ・スジコガネなども出土している。昆虫は出土状況などから大きく移動していないものと判断され、昆虫の分布が当時の生育環境を反映しているものとされた。

陸性昆虫の中で、キンスジコガネは針葉樹の葉を好んで食べる特徴があり、種は同定されていないものの、ゾウムシ科のなかには倒木や朽木に集まる習性をもつ虫もいると考えられることから、周辺に針葉樹が生育し、朽木や倒木も混じっていた可能性が高いことがわかった。ま

陸生・キンスジコガネ
（右：現生 18 mm）

水生・エゾオオミズクサハムシ
（右：現生 9.2 mm）

水生・クロヒメゲンゴロウ
（右：現生 10.4 mm）

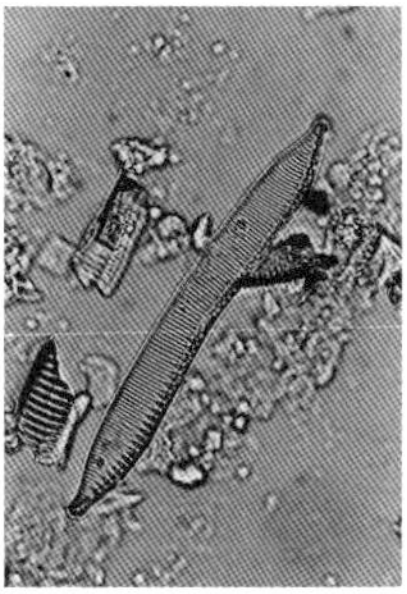

陸生珪藻

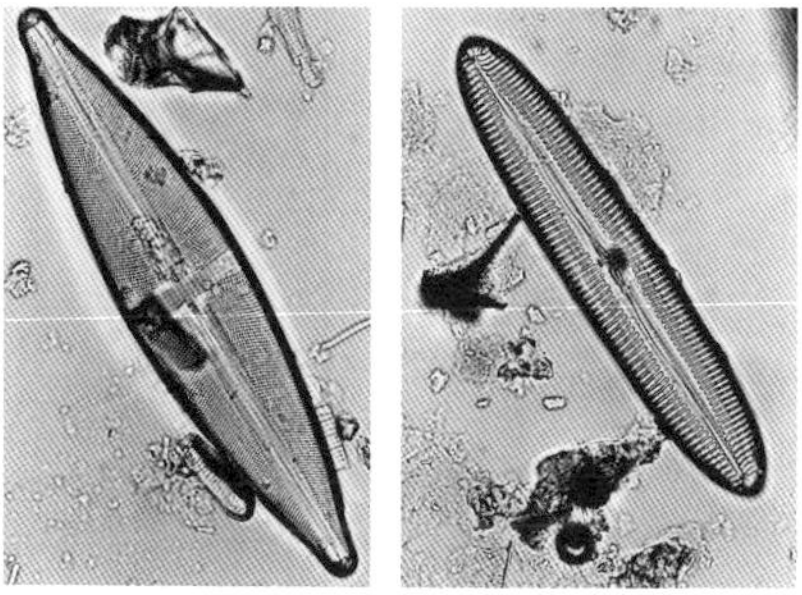

水生珪藻

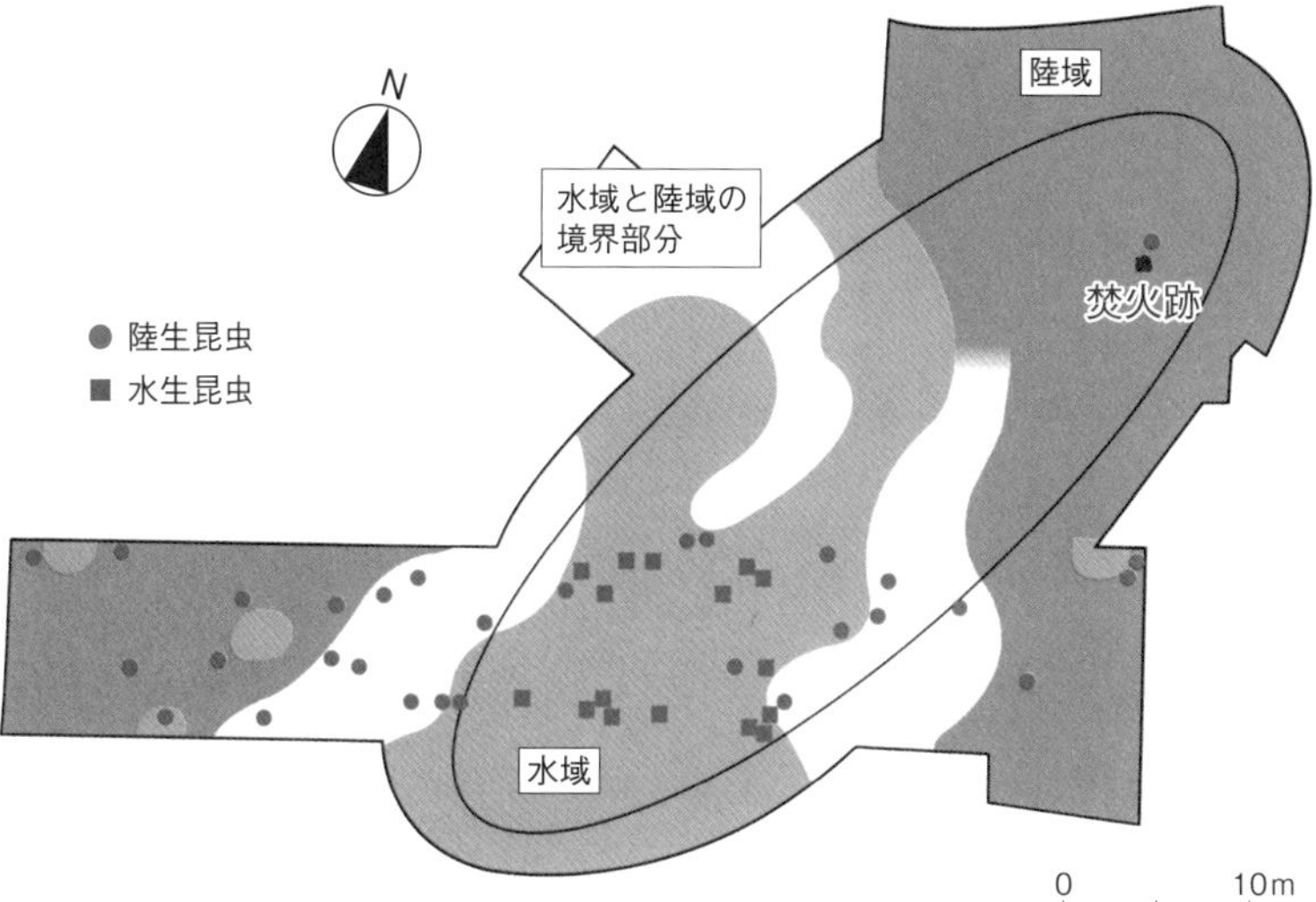

図25 ● 昆虫と珪藻の分析からわかった環境
水生・陸生の出土位置から当時の環境が復元された。
花粉分析の成果ともおおむね一致した。

た、水生昆虫であるネクイハムシ類は水辺の植物の根を食べる昆虫で、とくにスゲ類に多く集まる昆虫である。このように昆虫の食性を調べた結果、復元された周辺の地形や植生環境は、おおむね他の分野の分析結果とも一致した。

また、クロヒメゲンゴロウなどの昆虫はいわゆる北方系の寒冷な地域に住むものが多いことからも、当時の気候が現在よりも冷涼だったことを示していた。

昆虫の分析とともにおこなわれたのが珪藻分析である。珪藻とは植物プランクトンの一種で、ガラス質の殻をつくる特徴があり、その殻は死後も腐らずに土の中に残っている場合がある。その殻は種によって形や大きさが異なっているため、それらを顕微鏡で観察、同定することで、昆虫の分析同様に生息していた環境がどうだったのかを推定することができる。

二六層の分析結果をみてみよう。珪藻も大きく分けて陸生珪藻と水生珪藻に分類できた（図25中）。この分類を遺跡の標高に当てはめてみると、約六・八五メートルを境にして、水生珪藻が五〇パーセント以上検出された地点（水域）と陸生珪藻が五〇パーセント以上検出された地点（陸域）に分けることができた。このことは調査区の中にも地形的な起伏があり、陸地になった標高の高い部分と湿地化した低い部分があることを示していた。

珪藻化石の分布から復元された地形環境に、昆虫の出土した地点を重ね合わせると、おおむね水生と陸生に対応関係があることがわかった（図25下）。

すでにみてきたように、スギナモなどの水生植物の化石の存在からも、遺跡内に水の溜まった湿地の存在の可能性は指摘されていたが、昆虫と珪藻分析によって、それを証明したことになる。肉眼で観察するのはむずかしい小さな小さな化石ではあるが、多くの情報を携えた貴重な資料だった。

どんな動物がいたのか

これまでみてきたように富沢周辺に生育していた樹木の多くは針葉樹であり、人の食用となる果実や種子は非常に限定され、チョウセンゴヨウやハシバミの実などが数少ないものである。そういった植物質資源の限られた環境において、栄養摂取の主体は動物質資源に大きく依存していた可能性が高い。

ただし、富沢遺跡からは動物の骨などは出土していない。仮に旧石器人が焚火跡周辺で動物の解体作業などをおこなっていたならば、骨や角などが残存した可能性は高い。しかし、それらが出土しなかったということは、そのような活動はおこなわれなかったと考えてもよいだろう。

では、ここを訪れた旧石器人たちは、どのような目的でこの場所にやってきたのであろうか？　その答えを求めるには、黒くて小さな丸い粒の集まりがヒントを与えてくれた。**図26**がそれである。一つ一つの大きさは約二〜三センチで、扁平な楕円形をしている。一〇〜一〇〇個ほどの粒のまとまりで、調査区全体で二一カ所から発見された。観察の結果、なんらかの動物の排泄物《はいせつ》（フン）であろうと想定されたのである。

現生のシカやカモシカなどの食性を研究している高槻成紀《せいき》がフンの分析をおこなった。このようなフンは草食動物のもので、当時生息していたと考えられるゾウ科、ウマ科、イノシシ科などは粒状のフンをしないことからも、シカ科もしくはウサギ科の可能性が考えられた。さらに遺跡から出土したフンの形状とさまざまな動物のフンとを比較してみると、シカ科のものであることが推定された。

日本国内に現在生息するシカ科の動物はニホンジカであるが、旧石器時代の最寒冷期にはオオツノジカ属（絶滅種）やヘラジカ属などさらに大きなシカも生息していたことがわかっており、このいずれかのシカと考えられた（図27）。そこで現生のヘラジカとニホンジカのフンのサイズを比較してみると、その体格差と比例して明らかに異なっており、遺跡から出土したフンはニホンジカのサイズであることが確認された。絶滅種であるオオツノジカ属はヘラジカ属と同程度の体格が想定されることからも、オオツノジカ属の可能性は否定された。ただし、フンからだけでは、現生のニホンジカと特定できないため、「ニホンジカまたは近縁のシカ属の一種」がこの落とし物の主人公であったと結論づけられた。

フンの存在によって、その動物を特定できただけではない。フンそのものを分析することで、生息していた周辺の自然環境まで知ることができる。フンが分解せずにほぼ原形を保っている

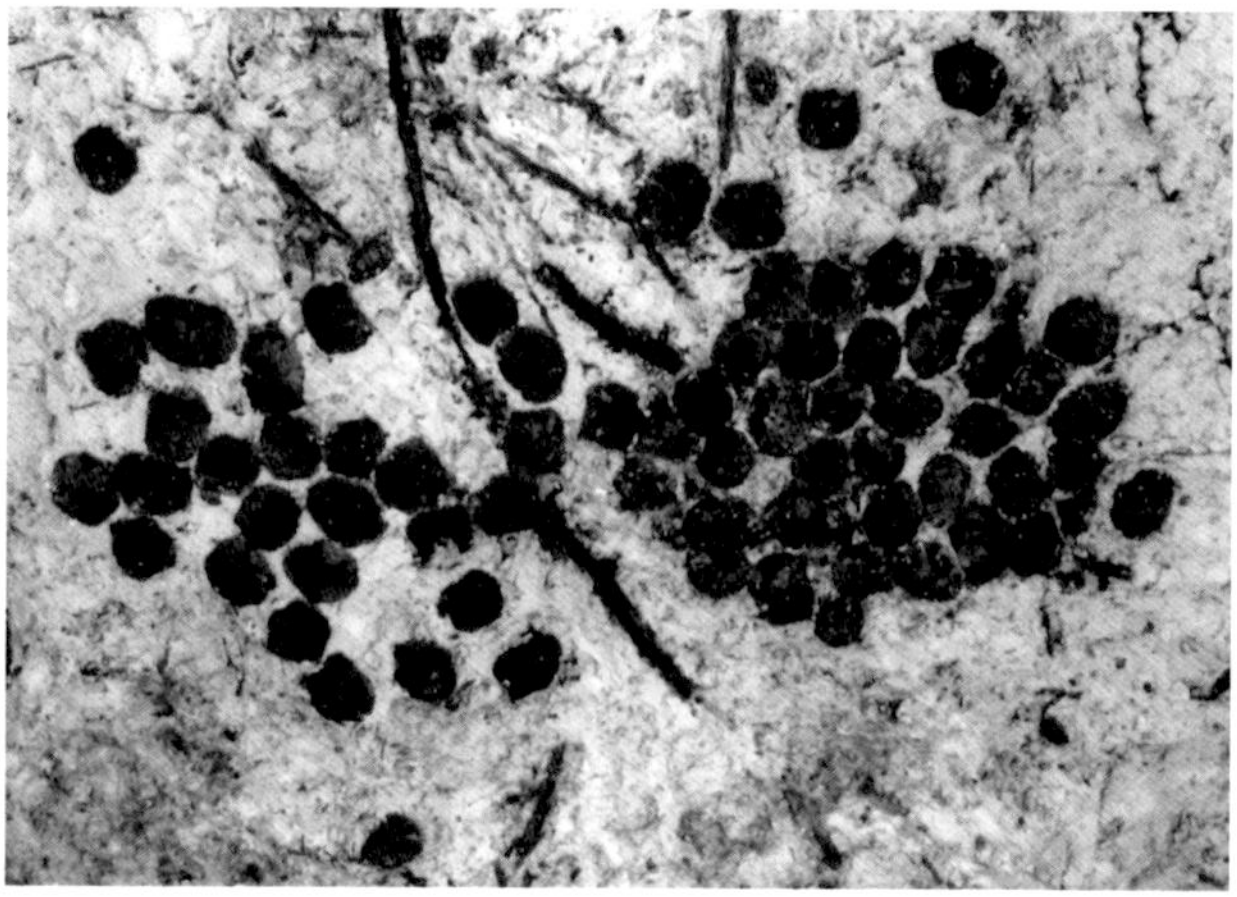

図26●まとまって出土したシカ科のフン
土圧でつぶされているが、大きさから考えてシカのフンとされ、内容物の分析から排泄された季節も推測されている。

こと、フンを食べるような虫などが検出されなかったことから、排泄時期は秋から冬と推定された。また、フンの内容物は木質繊維が約五〇パーセント、針葉樹の葉が約二七パーセントと高い比率を示している。

シカが樹皮や葉を採食する時期は、他の食料が乏しい季節、つまり秋から冬である。さらにフンに残された植物の花粉を分析した結果、ハシバミ属やカバノキ属などが検出され、土壌の花粉分析の結果と一致しており、樹木化石だけからでは得られなかった草本植物の情報も含まれていた。これらの植物が開花する時期は晩冬から春である。

フンの分析の成果を総合すると、秋から春先にかけて積雪を避けたニホンジカサイズのシカが越冬を目的に富沢にやってきて、樹皮や針葉樹の葉を採食して、湿地に広がる樹木の根元に排泄したと考えられた。フンの分布

図27 ● シカ科の大きさの違い（画：細野修一）
当時の環境としては、どのシカ科動物がいても不思議ではないが、フンはニホンジカのサイズと判断された。左からホンシュウジカ、エゾシカ、ワピチ、オオツノジカ。

密度からも一キロ平方メートルに約三〇頭程度が生息していたと考えられ、旧石器人がそれらのシカをおもな対象獣として一時的に狩猟にやってきたと想定されるのである。

5　復元された自然環境

年代の推定

地層や植生の分析からも、現代とは異なる環境であったことはわかっていたが、その具体的な年代については理化学的な分析成果が必要であった。

まず、樹木が生育していた期間がどの程度だったかについては、年輪年代学が専門の光谷拓実《みつたにたくみ》によって年輪年代測定法で三点のカラマツ属の樹木が分析され、うち一本は樹木の最大年輪数が三〇七層数えられた。さらにその分析成果によると、その後半一〇〇年は年輪の成長が悪く、生育環境が悪化して枯死したこともわかっている。

また、具体的な年代については、現在もっとも一般的な測定法である放射性炭素14年代測定法で推定された。分析された試料は、樹木化石・炭化物計一六点であるが、上述したように樹木化石は各層で検出されているために年代の幅があることが想定され、その測定結果も計測値で約一万九〇〇〇〜二万四〇〇〇年前であった。放射性炭素年代測定法は、時代が古くなるほど測定値の年代幅が大きくなるため年代値を絞り込むのはむずかしいのと、これらの計測値を較正してより実年代に近い年代値に補正する必要があるが、これについては後に述べることとする。

この年代値を考えるうえで、調査区外でおこなわれたボーリング調査が重要な成果を生んだ。植物化石が出土する地層よりも下層から姶良《あいら》Tn火山灰（AT）が検出されている。植物化石をともなう層と第三〇次調査区の地層の関係は、はっきりしないものの、植物化石をともなう層はAT火山灰の降灰以降のものと考えられた。AT火山灰の降灰は、現在約三万年前とされており、それ以降の後期旧石器時代後半期に該当することが確認された。この時期は、温暖な時期と寒冷な時期が周期的に変化する気候変動のうち、現在確認されている最後の寒冷期、いわゆる「最終氷期の最寒冷期」に形成されたことが認められ、植生分析結果ともきわめて整合的な結果となったのである。

復元された自然環境

ここまでみてきたように、富沢遺跡の発掘調査では、考古学だけでなく他分野の関連科学の分析も駆使して、旧石器時代の人類の活動と環境が復元された。この成果をここで一度まとめておこう。

時は、約二万年前の後期旧石器時代後半期の最終氷期の最寒冷期。現在よりも平均気温で約七〜八度も低い気候のここ富沢の地には、トウヒ属やカラマツ属などの針葉樹林がパッチ状に点々と広がり、ハシバミ属やツツジ科などの低木も生育していた。足元には湿地が広がっており、その湿地の周りにはカヤツリグサ科やキク科などの草本類が下草として生え、湿地内に

◀図28●周辺の地形と植生を入れて復元された旧石器時代の富沢（画：細野修一）

1979
©Shuichi Hosono

はミツガシワなどの水生植物がみられる（図28）。これらの植物を捕食する昆虫なども集まり、秋から春にかけてシカ科の動物がそれらの植物を食《は》む。このような生態系は、現在の北海道東部の平地に広がるアカエゾマツ林によく類似する（図29）。

その後、湿地林は少しずつ植生や地形の変化を経て、樹木が生え変わりながら約三〇〇〇年もの間つづくが、最終的には洪水による土砂の堆積や地下水の上昇などが重なり、静かにその姿を消していく。

以上、富沢遺跡の自然環境をみてきた。一つの遺跡だけでここまで詳細に語れる旧石器時代の遺跡は、日本全国を見渡してもほかにはない。何度も述べるが、それを可能にしたのは、保存環境のよさがもたらした数々の奇跡と、調査者・協力者の熱意と地道な分析であった。次章では、この地を訪れた旧石器人の活動をみていこう。

図29●当時の環境とほぼ一致する風景（北海道上川町浮島湿原）
亜寒帯性針葉樹林が湿地帯の中に広がる様子は、まるで2万年前の富沢遺跡にタイムスリップしたような錯覚を覚える。

第3章　富沢を訪れた旧石器人

1　焚火跡の発見

まずは炭化物が集中してみつかった跡の解釈からはじめよう。炭化物とは、木などが燃えて炭になったものなので、その存在だけでは野火などの自然発火なのか、人が意図的に火を焚《た》いたのかを判断することはむずかしい。また、長い年月をかけて自然に黒く変色する場合もあるため、人為的なものなのかは慎重に判断しなければならない。

黒く変色した木材を顕微鏡で観察すると、その光沢の有無などから、熱を受けたものかどうかを判断することができ、富沢遺跡で出土したものは木材が火を受けて炭化したものと確認されている。

それらの炭化物の広がりは、一・五×一メートルという非常に限られた範囲で、さらに中心部分は八〇×七〇センチに密集していた。このことからも、人がこの場所で火を焚いたことは明らかであった。

　考古学的にこうした跡は、「炉跡」や「屋外炉」などとよぶことが多い。しかし、地面を掘りくぼめたりしていないことや土が赤く変色していないこと、さらには分析のために採取した土壌中の花粉も熱による変化が起きていないことなどから、この場所で長時間火を焚いたとは考えられず、短期間滞在した際の「焚火《たきび》」のようなものと考えられた（図17参照）。ちなみに、炭化物自体の樹種の同定もおこなわれ、五点すべてがカラマツ属という結果が出た。これは周辺から出土した樹木・植物化石の分析結果とも一致し、カラマツ属のグイマツの枝などを燃料として利用したと推定される。

2　出土した石器

石器に使われた石材

　つぎに、焚火跡のすぐ近くで出土した石器についてみていこう。

　石器は全部で一一一点で、旧石器時代の一遺跡からの出土量としては、それほど多いものではなく、むしろ少ない量である。さらに一口に石器とはいっても、そのほとんどは剥片とよばれる石器をつくったときにできる不要なものであった。

　それらの石材をみていこう。石器の材料になる石は、なんでもよいわけではなく、目的の形や機能にあわせて選ぶ必要がある。焚火跡周辺からみつかった石器を地質・岩石学が専門の蟹澤聰史《かにさわさとし》が鑑定した。その結果を出土量の多い順にみると、①黒色頁岩《けつがん》（八四点）、②珪質《けいしつ》頁岩（一二点）、③凝灰質《ぎょうかいしつ》頁岩（八点）、④珪質細粒《さいりゅう》凝灰岩（三点）、⑤安山岩《あんざんがん》（三点）、⑥流紋岩《りゅうもんがん》（一点）であった（図30）。

これらのうち安山岩以外の石材は、薄く剝片を割り出し、鋭い刃部をつくり出すことができる。また、緻密で均質な石質をしていて、製作者の意図した方向に割り出すこともでき、旧石器人が多用した石材である。つまり、ここでの作業のおもな目的は、小さな剝片を割り出して刃部を利用するような石器をつくることであった。

もっとも多かった石材は、仙台平

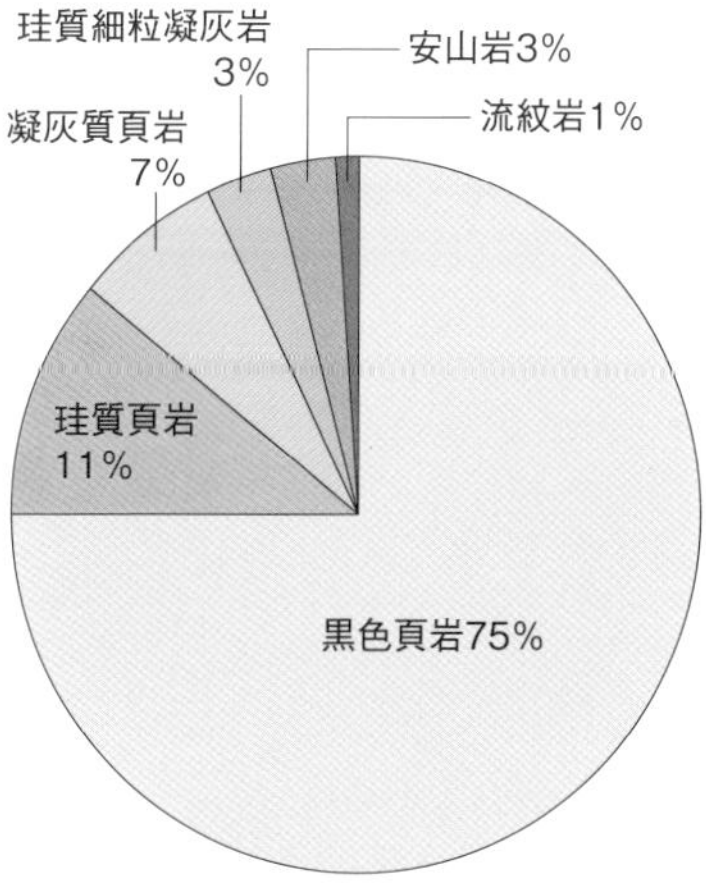

①黒色頁岩

②流紋岩

③珪質細粒凝灰岩

図30 ● 富沢遺跡で使用された石材
黒色頁岩を使った石器の割合が多いが、全体的に石器の数は少ない。
下の写真3点は、現代の河川（名取川）で採取した各種石材。

野を流れる名取川や広瀬川でも比較的容易に採取可能な黒色頁岩である(図30①)。現在でも川原で時折見かける石で、珪質頁岩や珪質細粒凝灰岩と比較すると、やや粒子が粗く、質量が重い。そのため、打ち割る際に強めの力とハンマーの重さが必要になる。

流紋岩は、名取川や広瀬川などでもっともよく目にする石器づくりに適した石材である(図30②)。縄文・弥生時代の石器にも頻繁に使用され、今も近隣河川で黒色頁岩と同程度で採取できる。それらは大きめの斑晶が多く含まれる傾向があり、遺跡出土のものと類似する。

珪質頁岩と珪質細粒凝灰岩は、遺跡周辺では採取がむずかしいと報告された石材である。両者は黒色頁岩よりも粒子がこまかく、やや光沢もみられるため、遠隔地で採取されたものと想定されている。しかし、周辺の河川を丹念に調べると、稀ではあるが採取することも可能である(図30③)。

採取地点を特定することは困難であるが、黒色頁岩以外の石器は、遺跡内でつくられたものではなく、他所でつくられ持ち込まれたもののようである。

石器をつくる際のハンマーとされた安山岩は、遺跡周辺で容易に採取可能な石材である。出土したものの一点は重量が五九一グラムあり、黒色頁岩を剥離するにも十分な重さがある。また、焚火跡西側二・五メートルのところからは、使用した痕跡がないものの、さらに大きくて重い一・九キロもある安山岩が出土しており、石材を大きく分割するには十分すぎるほどのサイズである。

石器のパズル

遺跡から出土する石器は、一点一点バラバラに出土するが、仮にそれらが一つの石から割り出されたものであれば、互いにくっついて、元の石の姿に戻るはずである。このように石の剝片同士を3Dパズルのようにくっつけていくと、その場所で石器をつくったという決め手になり、また元々の石の大きさや形、石を割りだした順序・方向などがわかり、旧石器人がどのような思考・意図で石器をつくったのかがわかってくる。ただし、一つの石だけから割り出されたという保証はなく、すべてのピースが揃っているとも限らないのが、通常のパズルとくらべてむずかしいところである。

出土した石器はすべて石材ごとに分類され、接合作業がおこなわれた。この作業を通して、旧石器人の活動を復元していくことになる。

黒色頁岩は、焚火跡の北東側に集中し、互いに接合することや、製作したときに出る黒色頁岩のチップ（小さな剝片）や安山岩のハンマーも同じ範囲から出土したことから考えて、この場所で石器づくりをおこなっていたことがわかった。その工程は、大きな原石を二分割し、小さな剝片を割り出していくもので、規則的な剝離方法ではなかった（図31）。ただ、石器の中には縦に長い「石刃」とよばれるナイフ形石器の素材になるようなものも含まれている。また、剝片類をすべて接合しても抜けた部分が存在しており、その空白部分は遺跡外へ持ち出されたものと考えられる。

持ち出されたと考えられる剝片の中には、槍先やナイフのような道具に加工しやすい比較的

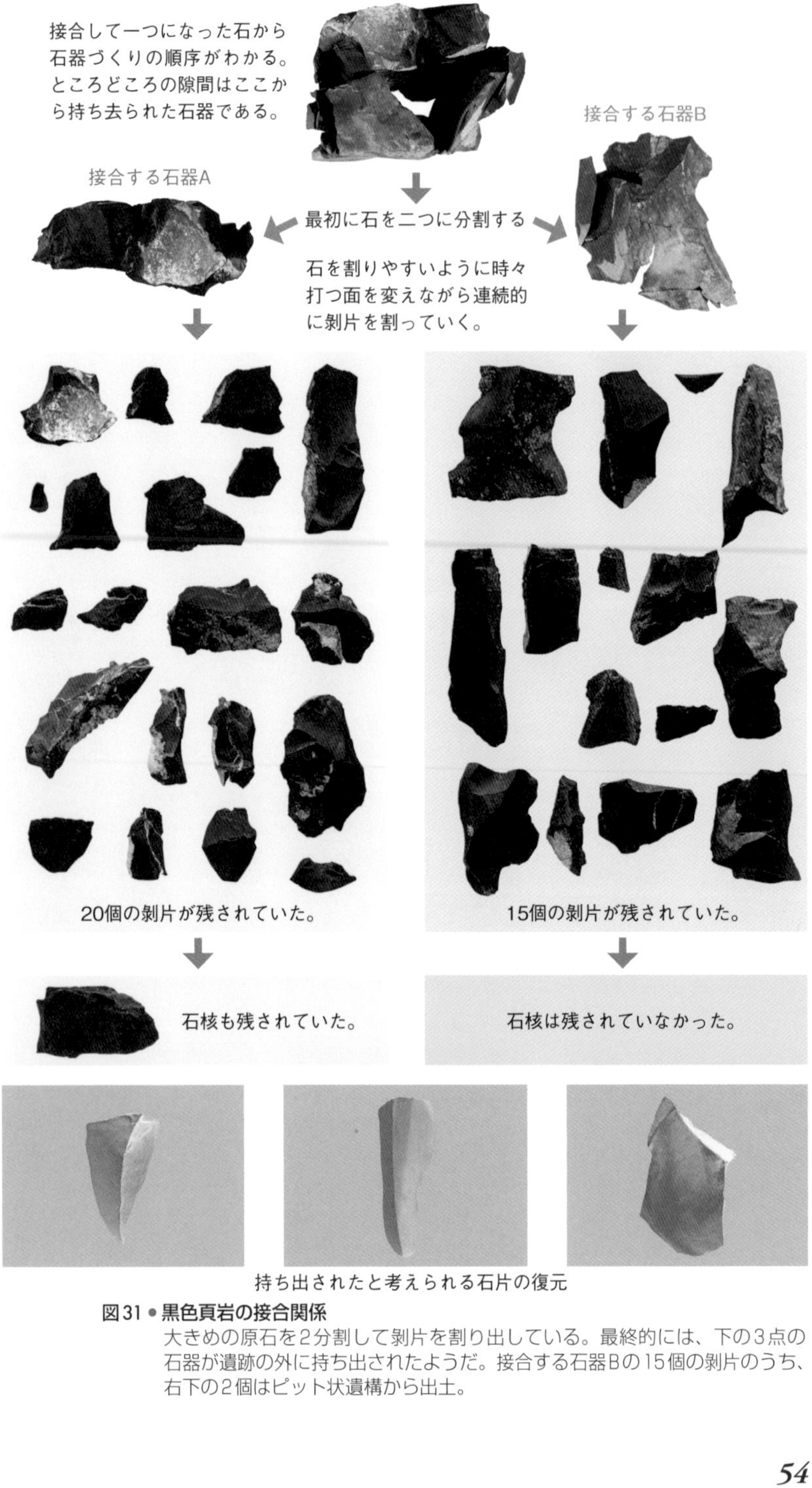
接合して一つになった石から
石器づくりの順序がわかる。
ところどころの隙間はここから持ち去られた石器である。
接合する石器B
接合する石器A
最初に石を二つに分割する
石を割りやすいように時々
打つ面を変えながら連続的
に剝片を割っていく。
20個の剝片が残されていた。
15個の剝片が残されていた。
石核も残されていた。
石核は残されていなかった。
持ち出されたと考えられる石片の復元

図31 ● 黒色頁岩の接合関係

大きめの原石を2分割して剝片を割り出している。最終的には、下の3点の石器が遺跡の外に持ち出されたようだ。接合する石器Bの15個の剝片のうち、右下の2個はピット状遺構から出土。

縦に長い均整のとれた形態のものが含まれていた（図31下）。ここでの作業目的の一つは、そういった道具に加工するための素材を獲得するためであったことがわかった。また、中心部分の比較的大きな石も持ち出されていることからも、移動先に石器の素材となる石（石核）を携帯していったと考えられる。

焚火跡の北東側に対して南東側は、石器の出土数が少ないこともあるが、基本的に石器同士が接合することはなかった（図32）。

竹串をさしてあるところが石器の出土地点。

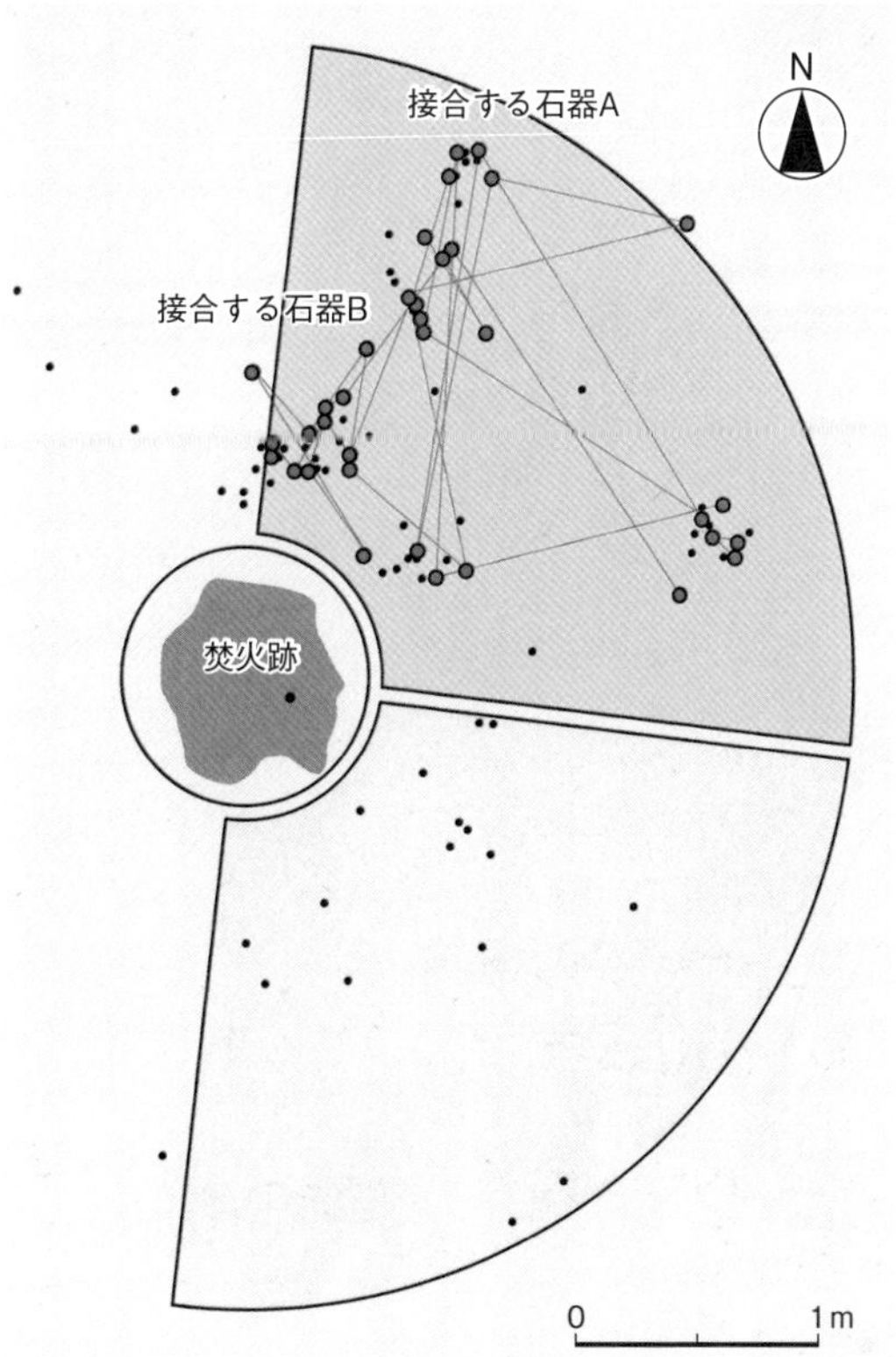

図32●焚火跡の周りにひろがる石器
焚火跡の東側に石器は分布して、南北で活動内容がことなることがわかった。

このことから、焚火跡の周りでは、石器づくりをした場所とそうでなかった場所で、作業スペースが分かれていたことが推定された。この場所の作業をより具体化するための分析をつぎにみていこう。

壊れた狩猟具

狩猟を生業とする旧石器人にとって、道具の製作とメンテナンスは非常に重要な作業である。旧石器人は、特定の場所に住居を構えて長期間生活することは少なく、食料や石材などの資源を求めて常に移動しながら生活していた。行動範囲の広い彼らは、移動の途中で道具を破損・紛失した場合、絶えず予備的な材料を携帯するか、現地で素材を獲得、製作する必要がある。

黒色頁岩で石器づくりがおこなわれた焚火跡の北東からは、折れたナイフ形石器が二点出土している（**図33**）。石材は、黒色頁岩よりもやや石質のよい珪質頁岩（**図33右**）と珪質細粒凝灰岩（**図33左**）で、黒色頁岩とは異なり、石器同士が接合することがないことからも、どちらも他の場所でつくられたものと考えられる。

ナイフ形石器は、その名称から包丁のように切るための道具と思われがちだが、狩猟道具である槍の先に装着して使う道具と考えられている。**図33左**のナイフ形石器は、長さが三・六センチと非常に小さな石器で、中心部分二カ所で折れ、空白部分は遺跡からみつかっていない。**図33右**も中心部分で折れて、尖った先端部はみつかっていない。このことから考えても、二点のナイフ形石器は、狩猟などで使用された際に破損し、富沢遺跡に持ち込まれ、廃棄されたものと考えられる。

この場所で狩猟具が廃棄されたとすれば、石器を装着していたであろう持ち手の柄の部分が出土しても不思議ではない。しかし、ここではそのような木製品は出土していない。そもそも石器は石材さえあればその場ですぐにつくれるが、持ち手になる木材は、その選別や加工に時間と労力のかかる素材である。仮に、富沢遺跡に石器先端の破損した槍が持ち込まれ、石器は廃棄して新しくつくり直したとしても、持ち手部分は再利用して遺跡外に持ち出した可能性がある。それが理由で遺跡内には柄の部分はみつからなかったのかもしれないし、黒色頁岩で新たにつくったナイフ形石器を装着したとも考えられる。

石器を埋めた穴

旧石器時代の遺跡を掘ると、多くの場合、石器しか出土しないのがほとんどである。無数に散らばる石器は、当時の地面に捨てられたり置かれたりしたものが、そのまま埋まったものと考えられる。そのことは、旧石器人は地面を掘ったりして、家などを積極的につくるような生活スタイ

図33 ● 2点の狩猟具（ナイフ形石器）
2点とも折れた状態で出土した。どちらも折れた状態で遺跡に持ち込まれたようだ。

ルではなかったことを示している。狩猟の際には落とし穴など深い穴を掘ったりしているので、技術的にできなかったわけではない。頻繁に居住地を移動しながら生活する彼らの生活スタイルにとって、一つの場所に大きな構築物をつくることは、それにかける時間や労力と機動性から考えて、不必要なものだったのであろう。

富沢遺跡の石器の出土状況からも、それは同じであった。ただ、石器が出土したすぐそば、焚火跡のすぐ北側で小さな穴（ピット状遺構とよぶ）が一つ発見されたのである。穴の入口が一七センチ×一四センチ、深さが一四センチの小さな穴である。しかも、穴の中には六点の石器が入っていた。穴の断面形状は、下側が少し広がっている（オーバーハング）。

非常にめずらしい例であることから、自然にできた落ち込みの可能性も考えられたが、詳細な観察の結果、人工的に掘られた穴で、そこに石器を埋め込んだものと判断された。

穴から出土した石器の内訳は、割れたハンマーの破片一点、剥片四点、石核一点の計六点である（図34）。ナイフ形石器のように道具として特別に加工されたものは埋められていなかった。

これらの石器のうち三点（黒色頁岩二点、安山岩一点）が、周りで出土した石器と接合することがわかり、石器製作とほぼ同時に穴に埋められたことがわかった。また、黒色頁岩を打ち割った順序を確認したところ、穴から出土した黒色頁岩二点は、打ち割り作業の最後に割り出された剝片であり、穴が埋まったのは、石器を割り出した作業の後だったこともわかった。

さらに穴に詰まった土には小さな炭化物も混入することから考えて、穴が掘られたのは焚火

出土状態

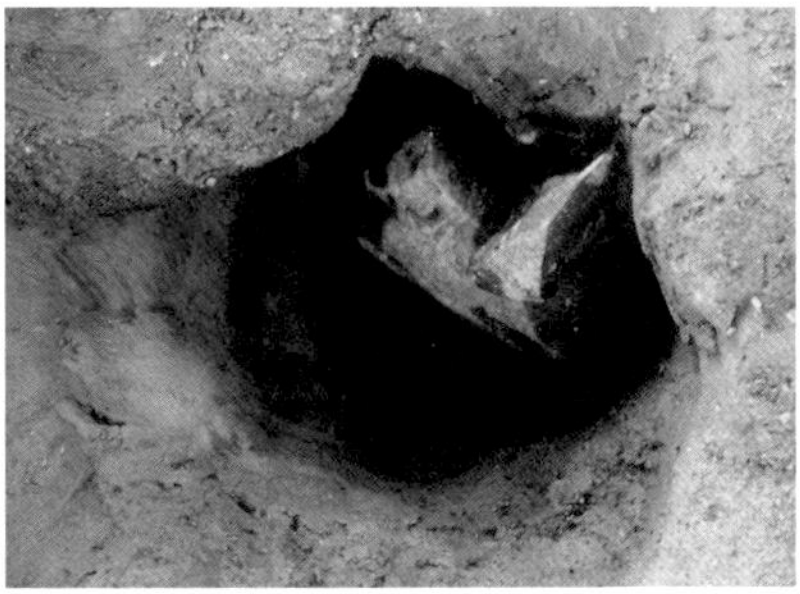

上の石器を取り除いた状態

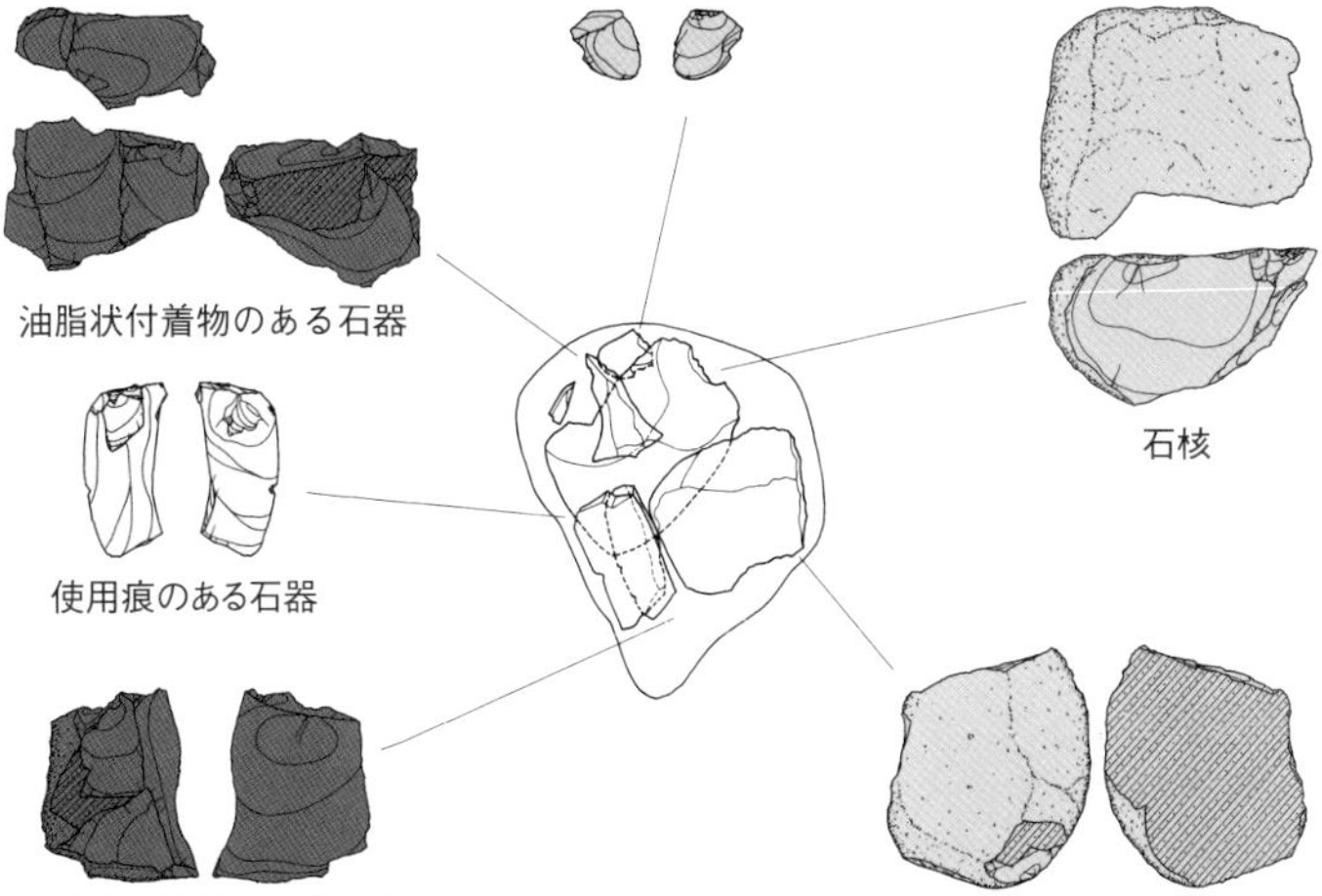

中央と右下が油脂状付着物のある石器

油脂状付着物のある石器（拡大）。縦 6.6 cm

図34 ● 小さな穴に埋められていた石器
ハンマーの破片1、剥片4、石核1の計6点の石器が埋められていた。
剥片の2点には「油脂状付着物」がみられる。

を燃やしている間、もしくはその直後と推定され、石器製作・焚火・石器が埋められた穴は、大きな時間差がなく、相互にこの場所で機能していたようである。

では、この穴は、何のために掘られたものであろうか？

一つの説として、石器の保管説がある。移動生活をしていた旧石器人が再度この場所を訪れた際にとり出して使用するために、穴を掘り、埋めたとする考えである。もっとも単純な説だが、石器の中の剝片が道具の素材になるようなものではないこと、ハンマーも割れていること、そして広大な平野の中でこの小さな穴をもう一度探し出すことの困難さなども考えると、説得性に欠ける。

報告書では、黒色頁岩の石器に付着した油脂状付着物（図34右下）の存在から、穴の中に石器以外のものが入っていた可能性が指摘されている。また、周辺の石器との接合関係や多様な石材が出土していることから、石器づくりになんらかの関係があったとされた。油脂状付着物に関しては、成分が分析されているわけではないので、有機物か無機物かさえわかっておらず、今後分析調査が必要で、その成果しだいで、この穴の使い方を推定できるようになるかもしれない。

類例が非常に少ないこの小さな穴は、現在でも「謎の小さな穴」として扱われており、今後ほかの遺跡で同様の穴が発見され、解明される日が期待される。

石器は何に使われたのか？

このように石器の大半は、焚火跡の東側を中心に出土したが、それらの石器がこの場所でどのように使われたのかを知るのは非常にむずかしい。それを知る手掛かりとして、「使用痕分析」とよばれる研究方法がある。富沢遺跡の調査がおこなわれた一九八〇年代は日本に本格的に使用痕分析が導入されはじめたころで、富沢遺跡から出土した石器も使用痕分析がおこなわれた。使用痕分析とは、石器を使用したときにできる傷や光沢などの痕跡を顕微鏡で観察し、そのパターンを実験資料などと比較することで、どのような用途で使われたかを推定する方法である。

分析は、焚火跡周辺でみつかった石器のほぼ全点を考古学者の梶原洋《ひろし》が観察し、興味深い結果を指摘している。

まず、焚火跡の北東側で出土して接合した黒色頁岩の多くは、使用した痕跡がほとんどみられなかった。皮や肉を切ったり（二点）、皮をなめしたりしたときにできる使用痕（一点）が一部の石器に認められたが、その痕跡がはっきりしたものではないことから、何度も使われたものではないと推定された。

これに対して、焚火跡の南東側での結果は違っていた。凝灰質頁岩二点で、はっきりと皮や肉などを切るときにできる痕跡が観察された（図35）。どちらも石器の少し尖った部分を使用しており、同様の目的で使われたものと想定される。

そして、小さな穴に入れられた石器一点からも使用痕が観察されている。珪質頁岩製の剥片で、焚火跡南東で出土した凝灰質頁岩の二点と同じく、石器先端の薄い部分に皮や肉などを切るときにできた使用痕が観察された。痕跡の付き方がよりはっきりしていたので、皮や肉でもかなり硬いものだったと推定されている。

このような使用痕の分析からも、焚火跡の北東側と南東側ではおこなわれた作業が異なっていたことが追認された。つまり、北東ではおもに石器づくりをおこない、割り出された石器の多くは使用されずにその場所に置かれた（廃棄された）。それに対して南東側では、石器づくりはせず、石

図35 ● 使用痕が観察された石器
2点とも先端部分に肉や皮を切ったときにできる痕跡が観察された。下は顕微鏡写真。

器を使って皮や肉などをおもに加工した場所と考えられる（図32）。

3　狩りの途中にて

富沢の旧石器人の活動

これまでみてきた焚火跡と小さな穴、石器の広がりと接合関係、そして使用痕の分析を通して、富沢を訪れた旧石器人の活動を再確認してみよう。

ベースキャンプ地を離れ、狩猟に出かけた数名の旧石器人は、その旅の途中で狩猟道具が壊れてしまった。新たに狩猟具をつくるために近くの河川で石材を採取し、富沢周辺にたどり着く。周辺に落ちていたグイマツなどの枯れ木を拾い、それを燃料として火を焚く。その火を囲むようにして、北東側では狩猟具のメンテナンス（石器製作）作業をおこなう。その傍らでは動物の皮や肉をカットする。そして、それぞれの作業が終わるころに、焚火跡北側に小さな穴を掘り、選別した石器を穴の中に埋めて、新たな獲物を求めてその場を立ち去った。

ここまでが、石器と焚火跡などの人類が残した痕跡をもとに復元できたワンシーンである。このような行動復元は、精緻な発掘調査・記録をおこなうことができれば他の遺跡でも十分に可能ではあるが、富沢遺跡のすごいところは、その周囲に広がる自然環境まで詳細に復元できたことである。

復元画の製作

これまでみた成果は、あくまで専門的なものであり、一般人が具体的・視覚的にイメージすることはむずかしかった。そこで、展示や普及活動に活用することを目的として、遺跡の復元画がいくつか描かれた（図36）。この復元画に描かれる周囲に広がる植物や地形なども また、遺跡の調査で得られた物証をもとにしたものである。

復元画は、東京在住のイラストレーター細野修一に依頼し、調査担当者

図36 ● 復元された旧石器人の行動（画：細野修一）
3人の狩猟者が、やや小高いところに場所を構え、焚火の周りで装備品をメンテナンス・新調している。

と細野が綿密にやりとりをしながら進められた。ときにはファックスで、ときには互いが仙台と東京を往復しながら、スケッチをもとに何度も修正作業がおこなわれた。できあがったスケッチは、植生の分析を担当した研究者からの直接の意見をもとにして修正・着色され、旧石器人の姿と環境に命が吹き込まれた。

復元画は、描かれたものすべてに根拠があるわけではない。とくに描かれている旧石器人の体格や髪形、着ている服や装備品などは推測である。

しかし、富沢遺跡の復元画は、旧石器人の具体的な行動、そして小さな地形の変化や植物一本一本の具体的な種までも描くことができている。この復元画は、旧石器時代という原始的な当時の一般的イメージ・先入観を大きく変えたと言っても過言ではない。我々と同じ行動・思考能力を持つ新人（ホモ・サピエンス）である旧石器人が、動物の皮でできた服を上下着て、生活感のある動きをしている姿はなんら不自然なことではないし、世界各地で発見されている貝や骨・牙などでできた装飾品の存在からいっても復元画の旧石器人の姿は控えめなほうかもしれない。

一方、第2章でみた**図28**は、新たな調査成果をもとに一九九九年に描かれた復元画である。遺跡の発掘やそれをとりまく研究も日々進んでおり、基礎資料となる材料は変化する。そのため、復元作業というのは終わりのない作業である。

第4章　新たな発見と研究

1　広がる樹木と焚火跡

継続する発掘調査

一九八二年に最初の発掘調査が始まり、一九八七・八八年の第三〇次調査で大発見があった富沢遺跡では、その後も発掘調査がつづいている。

富沢遺跡は、約九〇ヘクタールもある広大な遺跡であり、遺跡の範囲内の調査がすべて終わっているわけではない。大小あわせて現在まで一五〇回の発掘調査がおこなわれている（図37）。富沢遺跡のある長町は仙台の副都心であり、これ以上の保存はむずかしいものの、マンションや商業施設などが建設される際に発掘調査・記録保存がおこなわれ、新しい発見がつづいている。

ただし、旧石器時代の地層まで掘り進めるには広い面積を掘る必要があるため、一五〇回の

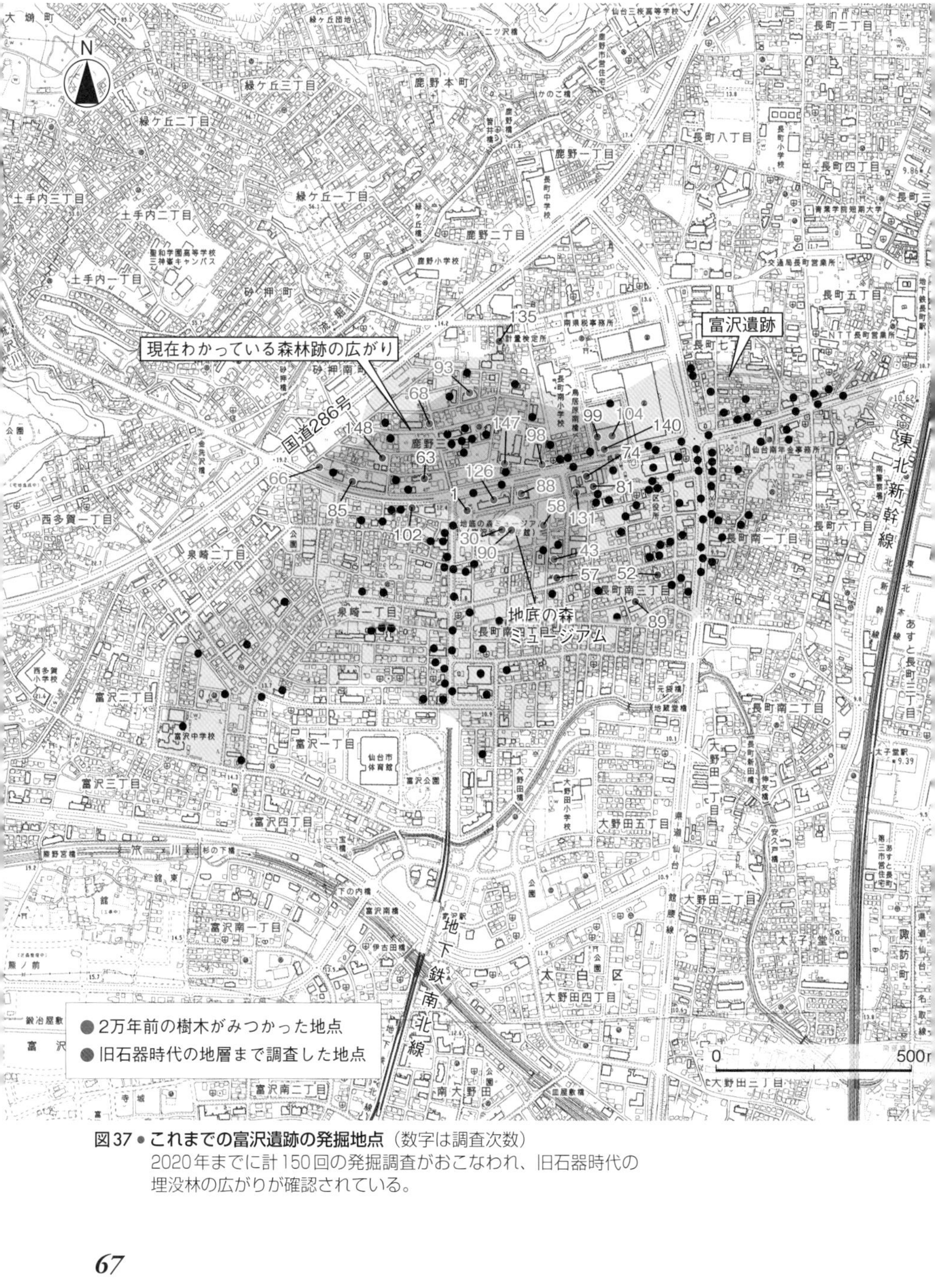

図37 ● これまでの富沢遺跡の発掘地点（数字は調査次数）
2020年までに計150回の発掘調査がおこなわれ、旧石器時代の
埋没林の広がりが確認されている。

うち二六地点でのみ旧石器時代の地層まで掘り進めることができている。それらの調査の中には、地底の森ミュージアム建設の際におこなわれた発掘も含まれており（第九〇次調査、図48・49参照）、その成果は第三〇次調査の補足的な意味で展示内容にも反映されている。

これらの発掘は、調査地区同士が離れており、点と点を結ぶように関係をつかまなくてはならない。遺跡は相当な地形の起伏や傾斜があり、地層の堆積量も場所によって異なるため、連続して面的に発掘しない限り、それぞれの調査地点間を正確に比較するのは非常にむずかしい。旧石器時代の調査をおこなった代表的な地点をみながら、新たな成果を確認していこう。

広がる樹木

一九八八年の第四三次調査は第三〇次調査の南東約一〇〇メートルの地点で、標高約五メートルから樹木化石一〇点と植物化石が出土した（図38①）。樹種同定の結果、大半が広葉樹のハンノキ属で、第三〇次調査の結果とは異なっていた。また、植物化石の種子の多くが水生植物のミツガシワとスゲ属であった。標高が低いことからも、この辺りには窪地が広がっていたことが確認された。

また、一九九〇年の第五八次調査は、第三〇次調査の東に約一〇〇メートルの地点で調査がおこなわれた。一〇×一〇メートルの非常に狭い範囲の調査で、旧石器時代の発掘はさらに狭い五×五メートルの範囲である。旧石器時代の地層が一メートル以上も堆積しており、各層から樹木・植物・昆虫化石が出土している（図38②）。第三〇次調査の二六層に対応する地層

（三九層、**図38②右**）は、標高が一メートルほど低い場所で、第四三次調査と同じ窪地がこの辺りにも広がっていたと想定される。この第四三次と第五八次調査で確認された窪地は、**図28**の復元画を描く際に反映されており、復元画手前の湿地部分がこれに該当する。

さらに、下層（四〇層）からはAT火山灰が確認されたことも、遺跡の年代を知るうえでこの調査の重要な成果であった。

①第43次調査

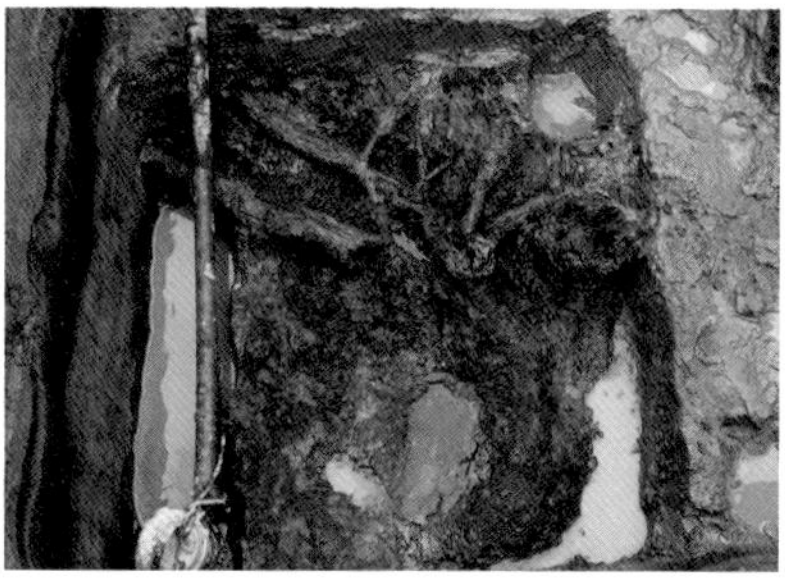

②第58次調査（左：23-24層、右：39層）

図38 ● 第43次・第58次調査で出土した埋没林
第43次調査では、ハンノキ属が多く出土している。第58次調査では、いくつかの層に分かれて埋没林が確認されている。

新たな焚火跡の発見

第八八次調査（一九九四年）は、第三〇次調査の北東一〇〇メートルの場所で、マンション建設で遺跡に影響が及ぶことから発掘がおこなわれた（図39）。調査面積九七三平方メートルのうち、旧石器時代の調査面積は一四四平方メートルという狭い範囲にもかかわらず、旧石器時代と考えられる地層（九〜一一層）から木材化石が九七点、大型植物化石が二二八五点も出土した。また、動物のフンが四二カ所、昆虫化石も六三点確認されている。さらに下層（一三層）からは、九〜一一層よりも少ないながら、木材・植物・昆虫化石が出土したのに加え、第三〇次調査と類似した焚火跡と考えられる炭化物集中も発見された（図39下）。この地点は、第三〇次調査よりも全体的に標高が一メートルほど低くなっている。

第三〇次調査の地層に対比させると、九〜一一層が二五〜二七層に、一三層はさらに古い地層に対応するものと考えられた。石器などの人工遺物は出土しなかったものの、焚火跡の発見によって、さらに古い時期の人類活動の痕跡が確認されたことになる。加えて、旧石器時代の地層がはっきりと分かれて確認されたことで、自然環境の変化もより具体的に明らかになった。

一三層の樹木は十数点と少なく、風化が進んでいるなど、残りはそれほどよくはなかった。また植物化石も少ないことなどから考えて、比較的乾燥した地表面であったと考えられ、ここに焚火跡があったことと矛盾はしない。また、チョウセンゴヨウの樹木も一点確認されている。

九〜一一層は、長期的に形成された地層で、下層の一一層ではトウヒ属・カラマツ属が主体の中にチョウセンゴヨウやモミ属・カバノキ属などが混じり、上層の九層でチョウセンゴヨウ

発掘調査の様子

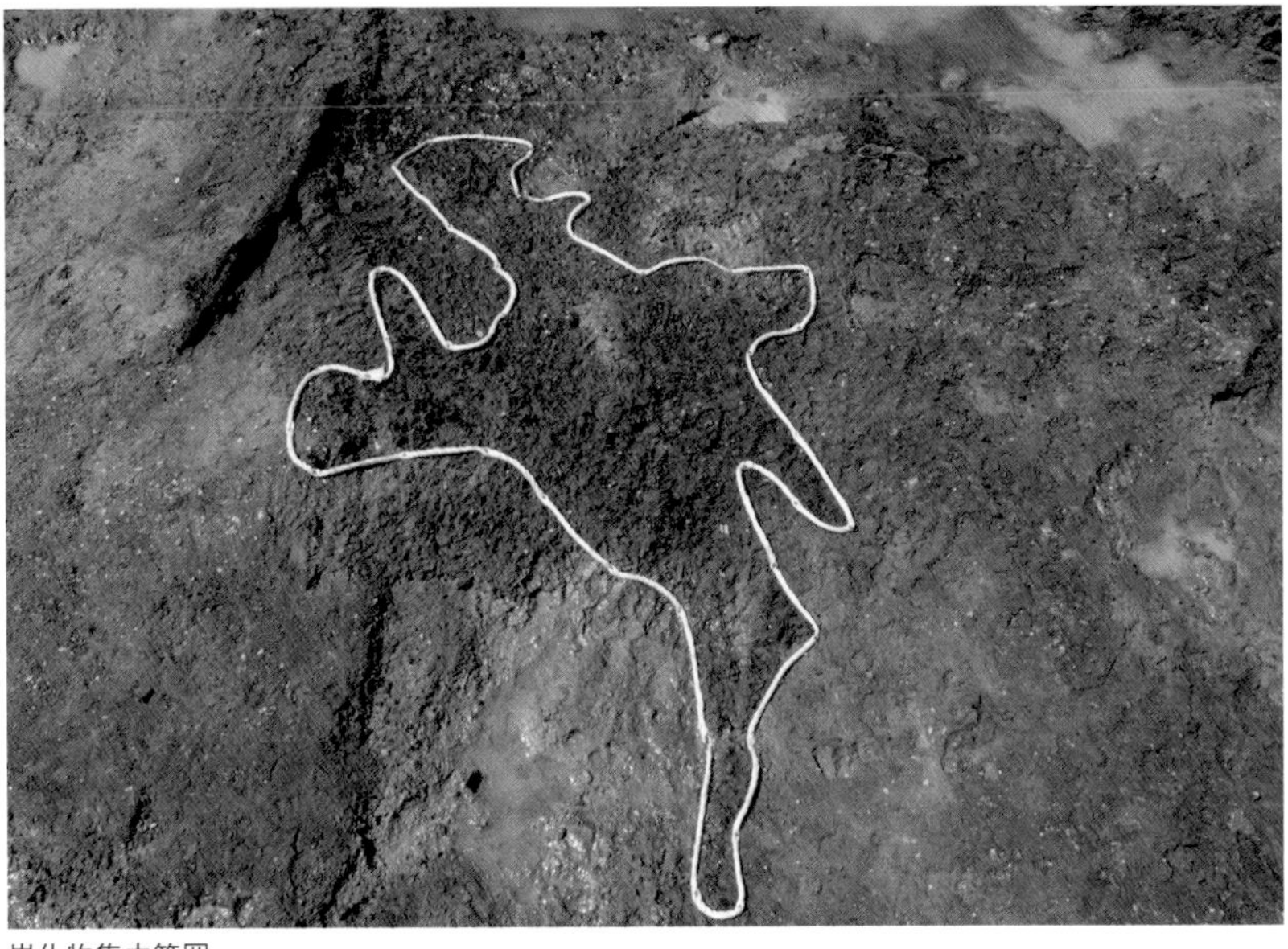

炭化物集中範囲

図39 ● 第88次調査

第88次調査では、上下２層が確認され、下層からは炭化物が集中する焚火跡が発見された。

やモミ属などが少なくなっている。

最終氷期の湿地帯の広がりを追認

第一二六次調査（二〇〇三年）と第一四七次調査（二〇一三・一四年）は、いずれもマンション建設にともなう発掘調査で、第三〇次調査の北側一〇〇メートルの間隔がそれぞれある。両調査ではいずれも上下二層の旧石器時代の地層が発見されており、上層は第三〇次調査の一九層に、下層は二六層に対応すると考えられている。ただし、旧石器時代相当の下層の調査面積は非常に狭く、第一二六次調査では樹根が、第一四七次調査ではチョウセンゴヨウの種子一点とカラマツ属・トウヒ属の葉が出土したものの、人類活動の痕跡はみつかっていない。

それに対して、上層での成果が大きかった。第三〇次調査一九層に対応するものだが、第三〇次調査では、カラマツ属・トウヒ属・モミ属の木材化石が少量出ていたものの、それほど残りがよくはなかった。ただし、調査当時の所見としてその広がりが北側にのびていることが想定されており、第八八次および第一二六次と第一四七次調査の成果は、まさにその想定どおりの発見となったわけである（図40）。

いずれの調査でも、出土した木材・植物化石や花粉・昆虫分析などがおこなわれ、第三〇次調査とおおむね同様の分析成果であり、最終氷期の湿地帯が北側に広がっていたことが追認された。第一二六次調査上層では、水生植物のミツガシワ（図41）が大量に出土していることに加え、日本列島には現生しない北方系の水生昆虫のクロヒメゲンゴロウやスゲヒメゾウムシな

第126次調査

第147次調査

図40 ● 第126次・第147次調査
第30次調査で想定されていた北側への埋没林の広がりが確認された。

どが出土しており、沼地の広がりを確認している。

なお、第三〇次調査の北東約三〇〇メートルの第九九次調査では、第三〇次調査以来の石器が一点出土している。一部加工された頁岩製の石器だが、これ以外に石器は確認されていない。

「前・中期旧石器遺跡ねつ造問題」と富沢遺跡

ここで、二〇〇〇年一一月五日に発覚した「前・中期旧石器遺跡ねつ造問題」にも触れておく必要がある。なぜなら、富沢遺跡もその舞台になっていたからである。

これまで触れてこなかったが、実は第三〇次調査の二五層・二六層でも計一二点の石器が出土した。しかし、問題発覚後におこなわれた日本考古学協会などによる検証作業の結果、二五・二六層の石器は旧石器時代の地層に包含されていたとはいえず、埋め込み行為のあったことが濃厚と結論づけられた。それに対して、焚火跡周辺でみつかった二七層出土石器は、疑わしいものはまったくないとされている。

このことによって、断続的ながらも旧石器人が富沢を訪れていたという証拠はなくなり、基本的には二七層の時期のみに認められた活動痕跡として調査成果が修正されることになった。

図41●ミツガシワ
高山の湿地に分布する植物で，地底の森ミュージアムの野外展示で観察することができる。

報告書内容の記述や復原画・図、そして地底の森ミュージアムの展示内容の一部や一般書なども修正する必要が生じ、その影響は少なくなかった。

その後におこなわれた旧石器時代の遺跡の調査では、石器の出土状態の確認や、出土石器に現代の作用が働いていないかなど、慎重な発掘と検証がおこなわれている。二度とくり返さないためにも、この問題は忘れてはいけないし、その反省と教訓を後世に伝える義務もある。

2　年代を調べなおす

さきに富沢遺跡の年代は、約二万年前としていたが、その年代値も今後検討する必要が出てきている。富沢遺跡の年代は放射性炭素年代測定法で推定されたが、年代測定の技術や精度が向上した現在、約二万年前という年代値はもう少し古くなる可能性が高い。

放射性炭素年代測定法は、現在ＡＭＳとよばれる加速器質量分析法でおこなわれ、その計測値はそのままだと誤差が大きいため、較正曲線を用いて年代を較正することになる。旧石器時代の年代測定は誤差が大きいものの、第三〇次調査以後におこなわれた年代測定の結果も含め、現在の較正曲線に当てはめると、大きく三つの年代値に集中する。

植生史が専門の吉川昌伸のまとめによれば、もっとも古いもので約二八〇〇〇〜二六六〇〇cal yr BP (Before Present)，次が二五六〇〇〜二四三〇〇cal yr BP，もっとも新しいものが二三八〇〇cal yr BP である。人類活動の痕跡のみられた二七層がもっとも古い年代値に対応するとすれば、富沢遺跡のスタートは約二万八〇〇〇年前ということになる。

二七層相当の地層よりも下層からAT火山灰が富沢遺跡の各地点で確認されている。AT火山灰の年代は年縞堆積物の分析などから、従来考えられてきたよりも古い約三万年前とされていることから、富沢遺跡の年代値が古くなったとしても違和感はない。

今後も調査がおこなわれ、樹木・植物化石が出土する可能性は十分にある。年代値の較正曲線も地域的に精緻化されており、分析を重ねることで、より正確な年代値を絞り込むことができるかもしれない。

3　トミザワトウヒは絶滅種か

第三〇次調査で出土したトウヒ属の球果は、鈴木敬治によってトミザワトウヒとコウシントウヒと同定され、トミザワトウヒは形態的な特異性から絶滅種とされた。しかし、その後の研究の進展により、その可否についてはさまざまな議論がある。

植生史が専門の吉川純子は第八八次調査で出土したトウヒ属の分析をおこない、出土した球果を鱗片やサイズなどの違いによりA～E／Uの6種類に分類した（図42）。そして、これらの分類が現生のトウヒ属とどういった対応関係にあるのかを明らかにすべきと指摘した。というのも、現生のトウヒ属の中で、ヤツガタケトウヒなど個体数が少ないものは球果の変異幅がわかっていないため、単純な形態的な差のみで種の違いまではいえない可能性があるからだ。

植生史が専門の小西彰一・鈴木三男は、現生のアカエゾマツの形態分析をおこない、トミザワトウヒの球果化石との比較をおこなった。その結果、球果の鱗片の形状に着目することで、トミザワトウヒは現生アカエゾマツの変異幅の中におさまり、両者を区別することはできないとされた。具体的には、トミザワトウヒと現生アカエゾマツはサイズや形状が基本的に同様であるが、トミザワトウヒの特徴として鈴木敬治が示した鱗片先端が波打たないという点は、現生アカエゾマツの個体にもみられる特徴であって、種を区別するほどの特徴ではないとされたのである。それに追随する形で、植物学者の野手啓行《のてひろゆき》らも球果形態からトウヒ属バラモミ節の樹木を、球果形態の比較のみで種まで分類することはできないとした。

それに対して吉川昌伸は、これら球果の形態分析が不十分として、再整理をおこなった。中部地方に分布するヤツガタケトウヒがトミザワトウヒ

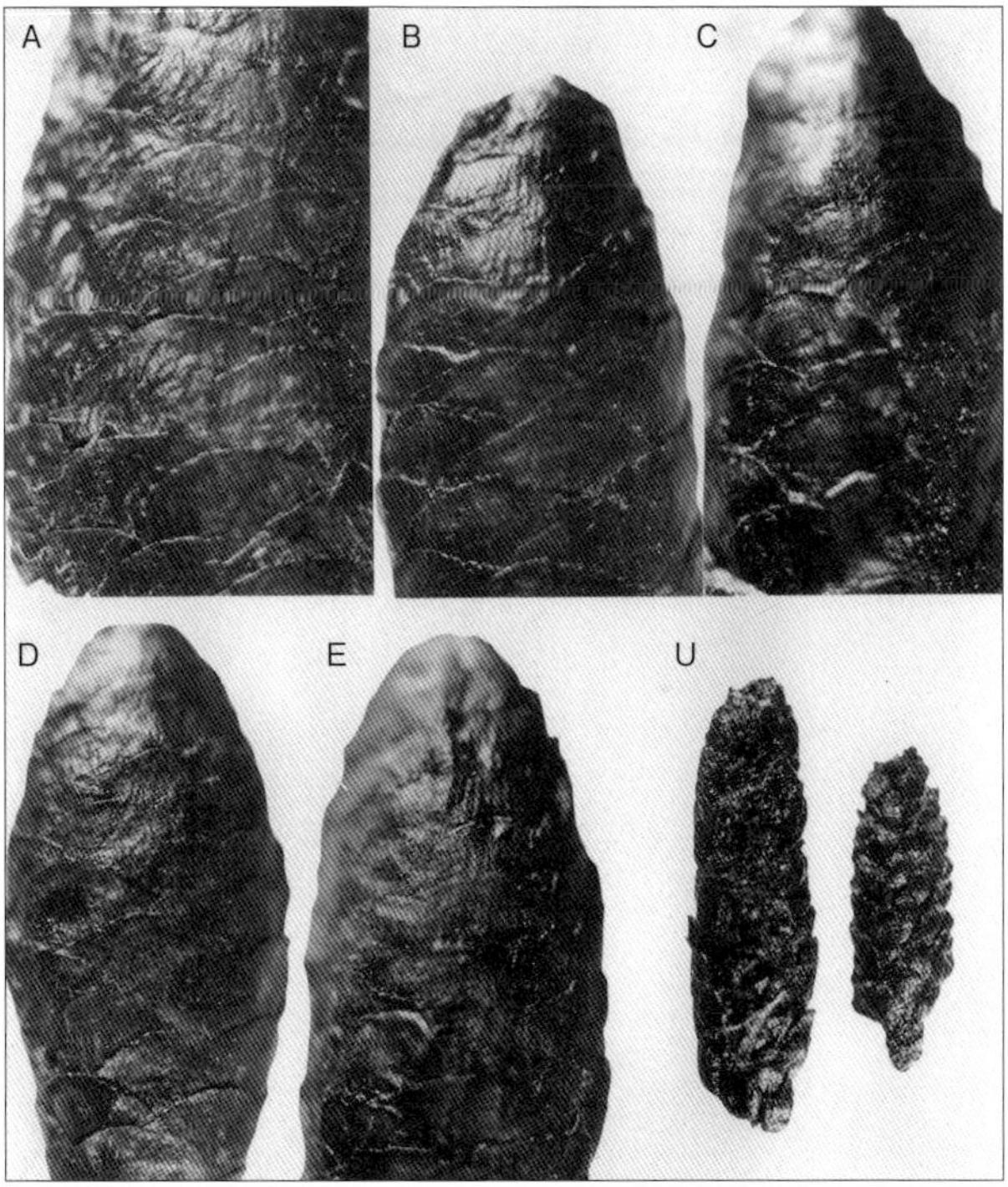

図42● トウヒ属の植物化石の形態差（撮影：吉川純子）
第30次調査でトミザワトウヒとされた球果は、トウヒ属Aにあたる。

と特徴が類似し、東北北部にも分布していたことを踏まえ、ヤツガタケトウヒが最終氷期に関東から東北北部までの低地に連続して分布していたとし、トミザワトウヒはその中に含まれることを示唆した。この点は、現在中部地方内陸部に分布するチョウセンゴヨウが富沢遺跡を含む東北から関東地方まで広く分布していたこととも矛盾せず、中部高地に現在分布する亜高山性針葉樹林が富沢付近にも当時広がっていたと考えられている。

いずれの学説も未だ議論の最中であり、結論が出たわけではない。しかし、科学技術の進展した現在、DNA分析によりトウヒ属の一部を区分できる可能性も指摘されている。

DNA分析は出土花粉も対象になっている。鈴木三男と森林科学が専門の長谷川陽一は、第一二六次調査の旧石器時代の地層から採取したモミ属・トウヒ属の花粉六一粒をPCR法で増幅し、塩基配列を元に種の同定を試みた。その結果、二粒でDNAの増幅を確認し、一点は現

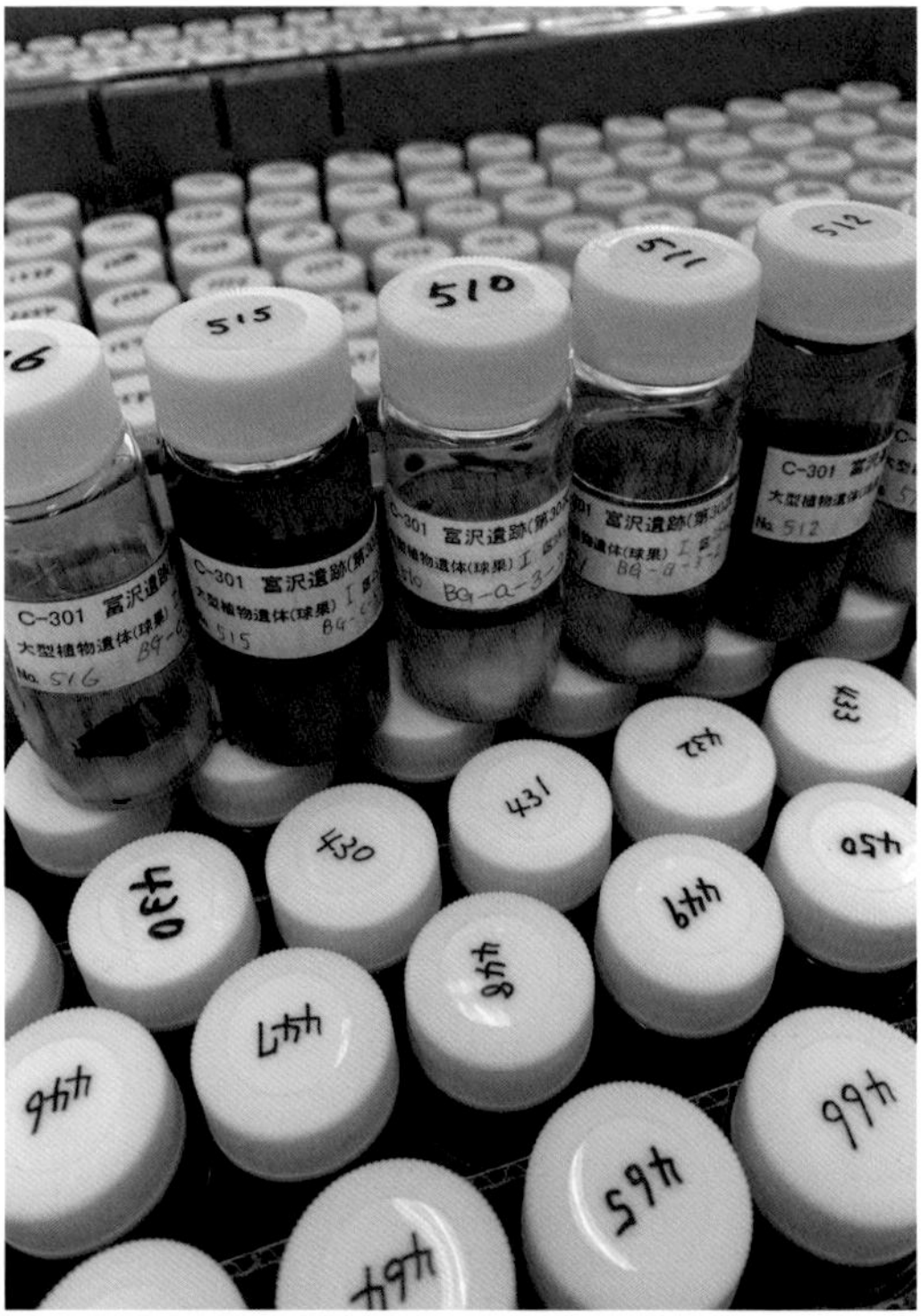

図43 ● 収蔵庫で分析の機会を待つビン詰めされた球果たち
アルコール漬けにされた状態で地底の森ミュージアムで保存されている。

生モミ属のいずれにも該当せず、うち一点はウラジロモミもしくはシラビソのいずれかに同定された。ウラジロモミとシラビソは、比較的温暖な南方に由来する植物であり、意外な結果となった。このことはトウヒ属などの種を特定することで、より具体的な植生の構成を把握でき、富沢周辺の植生について明らかになることを示唆している。

少なくとも、当初考えられていたような北方系の亜寒帯性針葉樹林が現在よりも南下して富沢付近にまで広がっていた、という単純な理解ではすまないようである。このように未だ議論の最中にある植生史研究である。今後の新たな分析・調査に備え、富沢遺跡から出土した球果は、地底の森ミュージアムの収蔵庫でその時を今か今かと待ち望んでいる（図43）。

4　変わる狩猟のイメージ

富沢遺跡では動物化石は出土しておらず、あくまでフンの分析から狩猟対象獣が推定されたにとどまっている。しかし、日本列島の氷河期の動物相については研究が進み、大きく二つのグループが生息していたことが明らかになっている。

一つが、温帯の森林に生息し、おもに日本列島の西側に分布する「ナウマンゾウ―オオツノジカ動物群」で、もう一つのグループは冷涼な草原帯の北方に生息する「マンモス動物群」である。両グループは、日本列島に渡来した年代やルート・分布は異なるものの、それぞれの動物が気候・植生などに適応しながら列島内の移動をくり返していたと考えられている。たとえばマンモス動物群を構成するマンモスは北海道にのみ分布するが、ヘラジカは本州島まで南下して生息していたことがわかっており、同じグループ内でも、生息域が異なっている。

富沢遺跡周辺に生息していたとされるニホンジカサイズのシカは、どちらのグループに属するのか。ヘラジカやアカシカなど、寒冷な環境に生息する動物は大型な動物が多い傾向にある。つまりマンモス動物群を構成する動物は基本的に大型動物であるのに対して、ナウマンゾウ―オオツノジカ動物群は大型～小型まで多様な動物で構成されている。その中の中型哺乳類としてニホンジカやムカシジカなどは含まれているため、富沢遺跡のシカ科の動物は基本的にはナウマンゾウ―オオツノジカ動物群と考えてよさそうである。ただし、哺乳類《ほにゅうるい》学者の玉手英利《ひでとし》によると、現生ニホンジカのミトコンドリアDNA分析では、兵庫県を境界にして北日本・南日本グループに分かれることが明らかになっている。加えて、両グループは日本列島に移動する前に大陸ですでに分岐していたと考えられているため、富沢に生息したシカ科動物の系統については慎重に検討すべきである。

このように、現在よりも動物の構成種が多様で、ゾウやバイソンなどの大型動物も生息していたことから、旧石器時代の狩猟のイメージに対して、大型動物を対象とした大規模なものを想定する向きもあるが、実際には異なっているようである。その後の全国各地の旧石器時代の遺跡の調査が進む中で、限られた例ではあるものの、旧石器時代の動物骨の出土例が増えており、その実態が少しずつ明らかになってきている。

とくに注目されるのは、青森県下北郡東通村の尻労《しつかり》安部《あべ》洞窟の調査である。洞窟内で出土した動物化石は、日常の生活とは異なる食生活が反映されている可能性はあるが、ノウサギと考えられる小型哺乳類が七〇パーセント以上を占めており、大形動物はヒグマやヘラジカが少量確認されているのみである。他の事例でも、大型獣が旧石器時代の石器と一緒に出土した事例は少なく、イノシシなどがともなう例もみられ、当時の狩猟対象獣はおもに小・中型の動物が主であった可能性が指摘されている。

このことは、富沢遺跡の狩猟対象獣がニホンジカサイズの動物と推定されたことと矛盾しないし、より多様な小型獣も対象にしていた可能性も考えられよう。ナウマンゾウやオオツノジカなどの大型動物を集団で狩猟する日本列島の旧石器人の姿は、一度見直すべきなのかもしれない。

5　ベースキャンプ地を探る

地底の森ミュージアムで来館者を案内している際に頻繁に聞かれる質問は、「他の人たちはどこにいたの?」というものだ。展示室で上映される映像や復元画の主人公は、大人の男性が三人。しかも、狩猟にやってきて、一時的にキャンプをした場所となると、他の家族のことが気になるらしい。当然、出先と考えられる富沢遺跡の周辺に生活の拠点はあったと推定されるが、この存在を証明するのは非常にむずかしい。

仙台の旧石器時代の遺跡は非常に少ない。二〇二一年現在、仙台市内の旧石器時代の遺跡は、五遺跡しかないのが実情で、このような限られた遺跡の情報から、富沢遺跡にたどり着いた旧石器人との具体的な関係性を考えるには、あまりにも情報量が少なすぎる。

また旧石器人の行動範囲も、現代人が考えるものとは相当違っている可能性がある。狩猟採集民の行動範囲は数十キロに及ぶ場合もあるため、一時的に富沢に立ち寄った旧石器人たちは、現在の「仙台」という行政単位の枠組みからははずれ、現代人が想像するよりもはるか遠くからやってきた可能性もある。ただ、数少ない旧石器時代の遺跡から富沢遺跡との関係について想像を膨らませて考えてみよう。仙台市内の旧石器時代遺跡のほとんどは、富沢遺跡の西側に広がる青葉山丘陵上に点々と確認されている（図1参照）。

上《うえ》ノ原山《はらやま》遺跡では、富沢遺跡と同じ後期旧石器時代後半期の石器も多数確認されている（図44）。また、上ノ原山遺跡近くの川添東《かわぞえひがし》遺跡でも、後期旧石器時代後半期の石器が出土している。両者はそれぞれ、富

図44 ● 丘陵上に位置する上ノ原山遺跡
富沢遺跡の西方7 kmの丘陵上に位置し、後期旧石器時代の石器が多く出土した。写真左に見えるのが名取川。

沢遺跡から直線距離で西に約七キロと一〇キロのところに位置しており、狩猟採集民の行動範囲としては両遺跡との関係があったとしても不思議ではない。

さらに富沢遺跡に近い遺跡として、山《やま》田《だ》上《うえ》ノ台《だい》遺跡がある。「仙台市縄文の森広場」がある場所で、富沢遺跡から西に約四キロの場所である。前述した「前・中期旧石器ねつ造問題」の検証作業としておこなわれた発掘の際に、後期旧石器時代後半期の石器が計三二一点出土した。それよりも古い確実な石器は出土していない。出土石器は、凝灰岩や鉄石英など地元で採れる石材を利用しているものの、富沢遺跡で使用された黒色頁岩は使われていない（図45）。

このように青葉山丘陵上には、旧石器時代の遺跡が点在している。広大な丘陵地帯は、まだ発掘されていないところがほとんどであり、今後、富沢遺跡との関連を示す資料が出土する可能性は十分にあるといえよう。

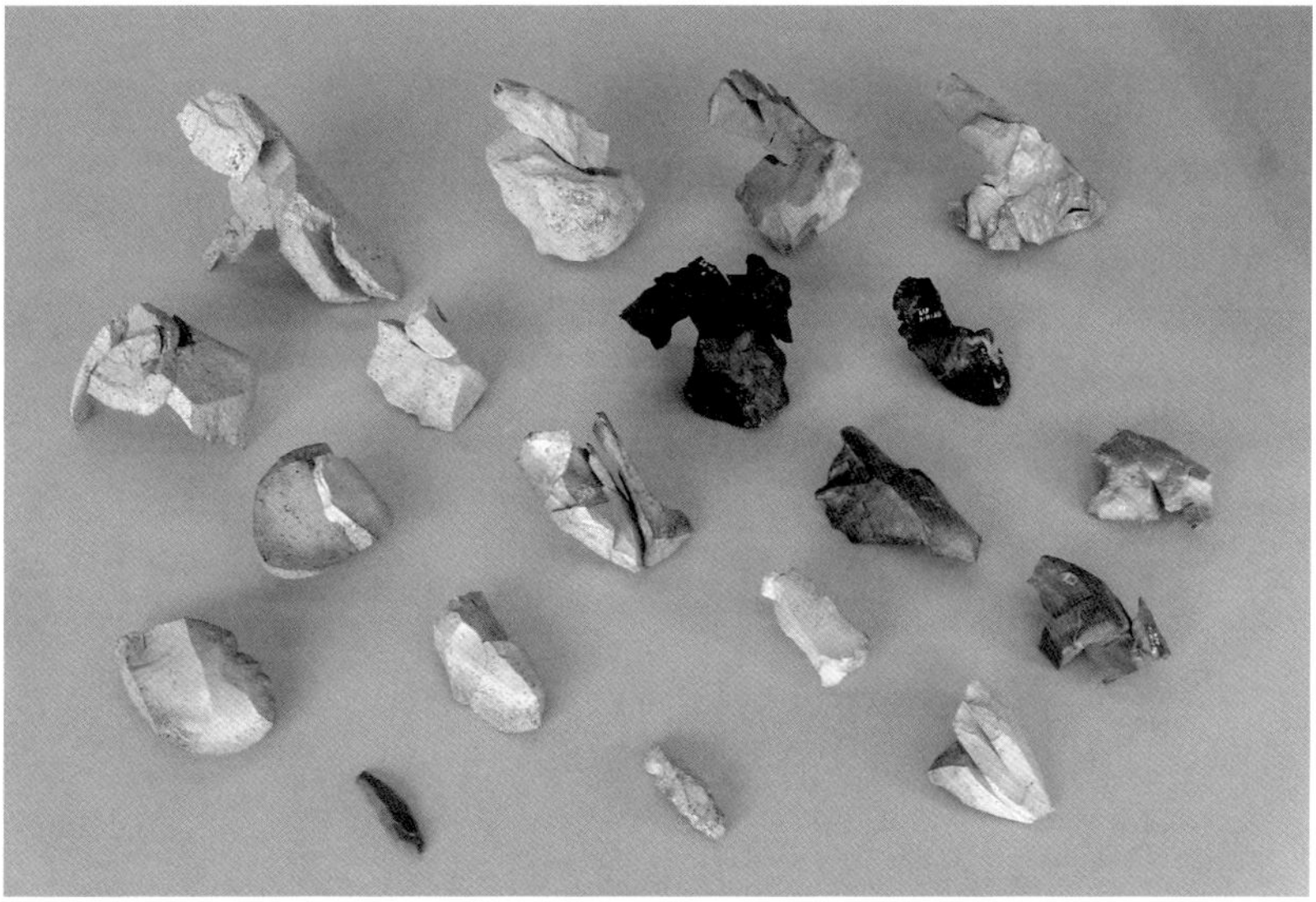

図45 ● 山田上ノ台遺跡出土の旧石器時代の石器
在地の石材を利用して石器が製作されている。

第5章　富沢遺跡の保存と活用

1　いかに樹木を保存するか

遺跡を伝える方法

遺跡の保存が決まり、地底の森ミュージアムが建設され、現地保存されることになったわけだが、博物館は完成して終わりではない。

遺跡は今も息をして、変化している。変化とはイコール劣化であり、いかにして劣化の進行を遅らせて、長く多くの市民にみてもらえるようにするかが、博物館の大きな役割である。

そもそも、地表から五メートルも下にあり、ただでさえ劣化しやすい二万年前の樹木をどのように保存し、公開するかというのは誰も経験したことのない未知の領域であった。それは世界中でも前例のないことであり、まさに遺跡自体が大きな実験場といっても過言ではなかった。樹木や遺跡面を保存するための薬剤の問題、公開するための建物や環境など、問題点を数え上げればきりがないほどである。しかし、当時の担当者はさまざまな専門家との協議を重ね、前代未聞の方法で保存・公開することを決める。

まず樹木化石を保存するための薬剤は、富沢遺跡のために開発された「ポリシロキサン」が採用された。発掘された樹木化石は、外見上は原形を保っているが、中の細胞などは腐ってなくなっていることがほとんどである。別の言葉でたとえれば、樹木化石はスポンジのようなもので、スポンジの隙間に地下水が入り込んで、ぎりぎり形を保っている状態である。つまり、掘り上げてしまうと中の水分はたちまち蒸発して、樹木は縮んで変形してしまう。樹木の保存処理とは、その水分を中に閉じ込めたまま、周りを薬剤でコーティングしたり、水分と薬剤を入れかえたりするイメージである。この薬剤は、乾燥に強く、湿気とも仲のよい薬品ということもあり、樹木用・土壌用別々に開発され、採用された（図46）。

図46●開館を直前に迎え薬剤で保存処理をしている様子
樹木の太さや状態に合わせて、塗布する薬剤の量は変わる。

保存・展示する建物は、遺跡を台地から切り離さずに、地面に茶筒を突き刺したような設計が採用された（連続地中壁）。外周の壁は約八〇センチの厚さで、地下約二〇メートルまでコンクリートを流し込んで横方向からの地下水の侵入を防ぎ、二枚の不透水層で下からの地下水の上昇を抑え、遺跡面まで上昇しないようにする設計である（図47）。

補足調査と二度目の発掘

保存するための建物と薬品が長い検討を経て決まったが、一九九四年の建設前には外壁基礎部分の発掘調査がおこなわれている（第九〇次調査、図48）。

そして、埋め戻された遺跡は、一九九五年に建物ができあがった後、展示空間の中で再び発掘調査され、光をみることになる（図49）。また、同時に第三〇次調査の対象外であった範囲も発掘され、このときにも多くの樹木・植物化石が出土し、図19や図25が完成している。

この時点で、樹木が保存されるのに大きな役割を担って

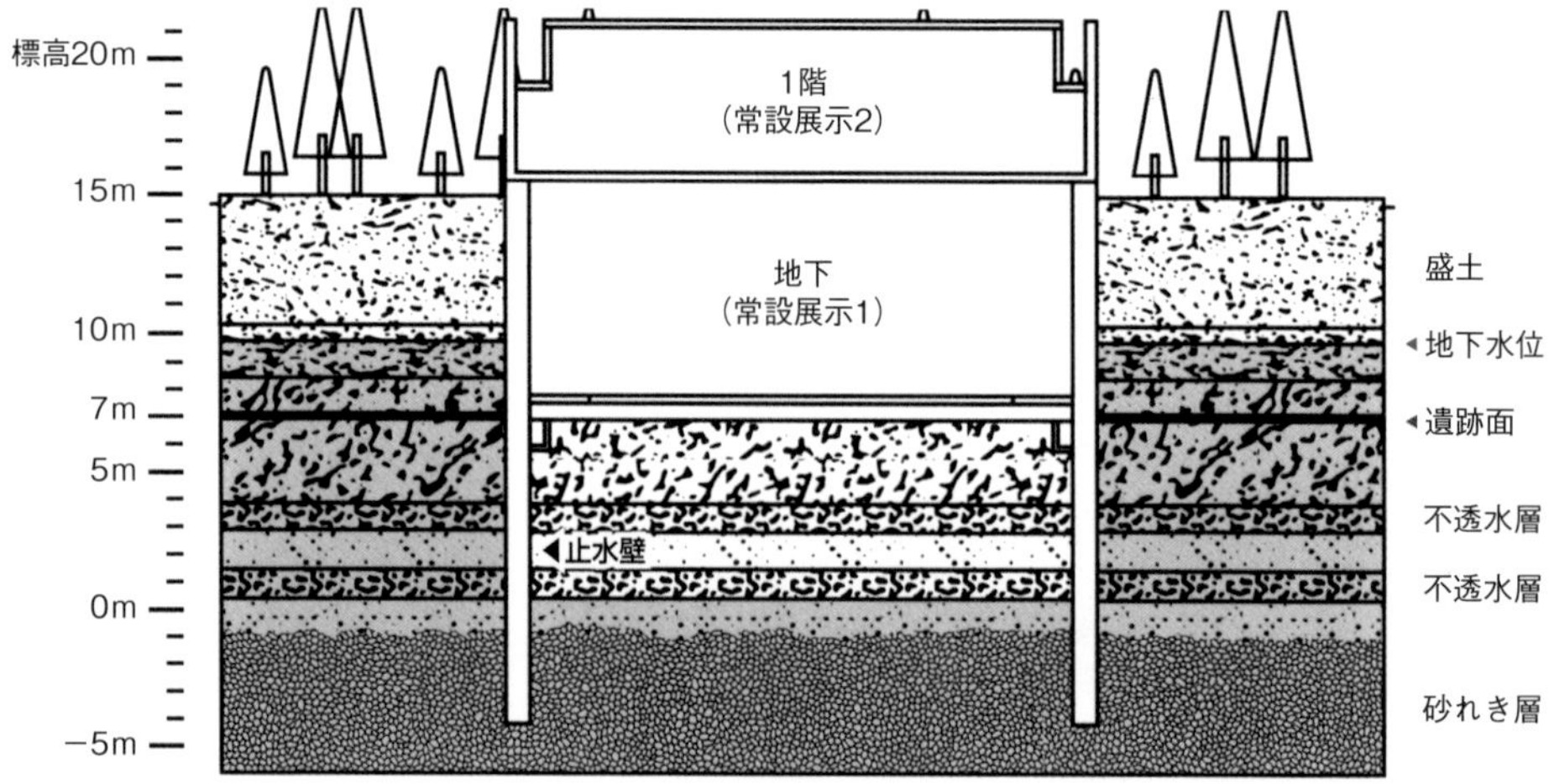

図47●地底の森ミュージアム建物断面
床のない建物で、遺跡面の下にある不透水層が地下水の上昇を抑える役割をしている。

いた地下水と土はとり除かれてしまうので、掘り出したと同時に乾燥しないように水を噴霧したり、ビニールを被せたりしながらの作業である。展示室の建設工事、遺跡の再発掘、そして樹木の保存処理がほぼ同時進行でおこなわれ、発掘から八年後の一九九六年一一月二日に仙台市富沢遺跡保存館（地底の森ミュージアム）はオープンした。

遺跡は公開されると同時に、日々劣化していく。当初の目論見とは異なり、地下水も遺跡面まで

図48●ミュージアム建設にあわせておこなわれた発掘（第90次調査）

上昇してくるため、排水ポンプで地下水を排出しなくてはいけない。その地下水に含まれている塩類が結晶化して遺跡面に析出してしまうという問題もある。また、藻類やカビなどが発生する場合もある。このような問題は、前代未聞の方法で保存・公開していることからも、誰も想像できなかったことではある。しかし、可能な限り展示・保存環境とのバランスをとりながら、遺跡の維持管理をおこない、その過程を発信していく必要がある。遺跡の保存に正解はない。今後も、試行錯誤をくり返しながら最善の方法を模索する日々がつづく。

図49● 建設後に地下展示室でおこなわれた発掘（第90次調査）
樹木の乾燥を防ぎながら慎重に発掘されている。掘りだした土はベルトコンベアーで建物の外に運び出している。

2　富沢遺跡の未来

「人間と環境」を考えるランドマーク

地底の森ミュージアムは、「人間と環境」を考えるランドマークとなることをめざし、さまざまな教育・普及活動がおこなわれている。展示はもちろん、旧石器時代の生活を具体的にイメージしやすいように、石器をつくる・使う体験ができるイベントは年間を通して実施され、多くの市民がこれまで体験している。

開館直後に来館した小学生は今や自分の子どもと一緒に訪れてくれるようにもなり、そういった来館者に出会うことも少なくない。子どもの時とくらべ、大人になってから見て得られる感動は違うようである。博物館の活動が少しでも子どもたちの記憶に残り、この遺跡を語り継ぐワンピースになってくれたら望外の喜びである。

遺跡は何も語らない。そこに命を吹き込むのは人である。地下の展示室には極力解説文は掲示していない。遺跡のもつ迫力を肌で感じてほしいからであるとともに、職員やボランティアによるライブ感ある解説を重視しているためでもある。

地域の遺跡・ミュージアムとして

旧石器時代の本格的な調査であった第三〇次調査は、小学校建設が大きなきっかけだった。予定されていた仙台市立長町南小学校は、遺跡の外に計画を移し、一九九〇年に予定どおり開校した。開校に際し、校章は「オオツノジカ」をモチーフにし（図50左）、スクールカラーも焚火をイメージして「黄だいだい」とされた。校木もハンノキとし校庭に植栽されている。富沢遺跡の成果は普段の学校生活の中に根づき、多くの卒業生はミュージアムを活用した教育を受けている（図50右）。

また、遺跡周辺のマンションの名前には、「ミュージアムコート」「フォーレストンビル（森と石をかけた造語）」などが付され、遺跡や博物館の存在が地域にとって身近な存在となっている。それは、遺跡が特別なものではなく、普段の生活の中に溶け込んでいると言ってもいい。

このような姿をみると、遺跡の普及や活用は、何もイベント的・教育的にやることだけが正解ではないように感じる。今後変化していくであろう社会情勢にあわせ、柔軟な遺跡保存・活用の方法を模索していくべきである。

国際交流の取り組み

「世界中でここだけ」というキャッチフレーズをもとに、本来ならば世界中

仙台市立長町南小学校の校章

図50●遺跡に近い小学校の博物館の活用
学校の校章がオオツノジカをあしらったもので、各学年が毎年ミュージアムをなんらかの形で利用している。

に富沢遺跡の情報を発信すべきであったが、遺跡発掘から三〇年以上が経過した現在もその成果が国際的に十分に広がっているわけではない。この点は、発掘から何年・何十年経とうとも、遺跡の重要性や希少性が失われるわけではないため、今後も継続した発信の必要性が求められる。その一つのきっかけとして、ここ数年の間、国際交流の動きが活発になっている点も最後に触れておこう。

前期旧石器時代の遺跡として世界的に著名な韓国京畿道漣川《ヨンチョン》郡全谷里《チョンゴンニ》遺跡で開催されている「漣川旧石器まつり」に二〇一六年から毎年招待を受け、体験学習の提供やワークショップでの発表などをおこなっている（図51）。このイベントは、数十万人が訪れる、日本では考えられないような規模の考古イベントで、世界中の研究者や博物館学芸員が集い、国際的なネットワークの中で情報を発信することに成功している。「文化遺産の積極的な活用は保存への近道」というテーゼをもとにしたもので、参考にするところが大きい。

また、これを契機に日韓の交流も少しずつおこなっており、今後積極的な発信を通して、富沢遺跡の重要性を国際的に知ってもらう機会をつくっていきたい。

図51●「漣川旧石器まつり」のようす
来場者の老若男女ほとんどが「ハンドアクス」という言葉を知っていて、遺跡の活用の仕方を考えさせられる。右の写真は、世界各地から集まった考古学者や博物館学芸員。

参考文献（発掘調査報告書は割愛）

工藤雄一郎　二〇一二『旧石器・縄文時代の環境文化史』　新泉社
小西彰一・鈴木三男　一九九七「アカエゾマツの球果形態の変異」『植生史研究』第五巻第二号　日本植生史学会
斎野裕彦　二〇一五『日本の遺跡50　富沢遺跡』　同成社
澤田純明　二〇一八「旧石器時代の動物考古学をめぐる諸問題」『東北日本の旧石器時代』　六一書房
玉手英利　二〇〇二「じつは大陸で分かれた北と南のニホンジカ」『遺伝』第五六巻第二号　裳華房
津村義彦・百原新　二〇一一「植物化石とDNAからみた温帯性樹木の最終氷期最盛期のレフュレージア」『シリーズ日本列島の三万五千年―人と自然の環境史　第六巻　環境史をとらえる技法』　文一総合出版
野手啓行・沖津進・百原新　一九九八「日本のトウヒ属バラモミ節樹木の現在の分布と最終氷期以後の分布変遷」『植生史研究』第六巻第一号　日本植生史学会
長谷川陽一・鈴木三男　二〇一三「仙台市富沢遺跡のモミ属花粉化石からのDNA増幅と種同定に関する試み」『植生史研究』第二二巻第一号　日本植生史学会
森　勇一　二〇一二『ムシの考古学』　雄山閣
吉川昌伸　二〇一六「更新世末から完新世初頭の東北日本の植生史」『旧石器研究』第一二号　日本旧石器学会
吉川昌伸　二〇一八「旧石器時代から縄文時代草創期における東北日本の植生史研究と課題」『東北日本の旧石器時代』　六一書房
Victoria C. Smith 2013 Corrigendum to "Identification and correlation of visible tephras in the Lake Suigetsu SG06 sedimentary archive, Japan: chronostratigraphicmarkers for synchronising of east Asian/west Pacific palaeoclimatic records across the last 150 ka", *Quaternary Science Reviews* 67

○本書作成にあたり、故・細野修一氏の復元画の利用については細野千恵子氏にご高配を賜りました。
また、左記のみなさまに多くのご協力をいただきました。記して感謝申し上げます。（敬称略）
太田昭夫・長田麻里・斎野裕彦・佐藤文征・鈴木三男・帖地真穂・平塚幸人・吉川純子
仙台市教育委員会文化財課・仙台市博物館・仙台市立長町南小学校

仙台市富沢遺跡保存館（地底の森ミュージアム）

・宮城県仙台市太白区長町南4―3―1
・電話　022（246）9153
・開館時間　9：00～16：45（入館は16：15まで）
・休館日　月曜日（祝日の場合はその翌平日）、第4木曜日（12月を除く）、年末年始（12月24日～1月4日）
・入館料　大人460円、高校生230円、小・中学生110円
・交通　JR「長町駅」から徒歩20分または、市営地下鉄南北線「長町南駅」から徒歩5分、車で東北自動車道「仙台南IC」から15分

富沢遺跡で出土した旧石器時代の埋没林と遺跡面を「発掘されたまま」の状態で保存・公開する。「世界中でここだけ」の遺跡を広大な地下展示室の中で見学することができる。また、旧石器時代の人びとの暮らしをイメージしやすいように、復元動画も上映している。1階常設展示室では、出土した石器や植物化石などを展示。企画展示室では年4回の企画展を開催。野外展示「氷河期の森」には、最終氷期の針葉樹林が復元されている。ボランティアスタッフによる生の解説を聞きながら見学するのがおすすめ。

仙台市縄文の森広場

・仙台市太白区山田上ノ台町10―1
・電話　022（307）5665
・開館時間　9：00～16：45（入館は16：15まで）
・休館日　月曜日（祝日の場合はその翌平日）、第4木曜日（12月を除く）、年末年始（12月28日～1月4日）
・入館料　大人200円、高校生150円、小・中学生100円
・交通　宮城交通バス「南ニュータウン」「日本平」「秋保温泉」「茂庭台」行きで「山田・太白消防署前」下車徒歩5分、車で東北自動車道「仙台南IC」から5分

地底の森ミュージアムの姉妹館。縄文時代中期の山田上ノ台遺跡を保存・公開。縄文ワクワク体験は予約不要で利用でき（材料費別途）、野外広場には土葺きの竪穴住居が3棟復元されている。ガイダンス施設には縄文土器や石器のほか、山田上ノ台遺跡で出土した後期旧石器時代の石器も展示している。

仙台市縄文の森広場

遺跡には感動がある

――シリーズ「遺跡を学ぶ」刊行にあたって――

「遺跡には感動がある」。これが本企画のキーワードです。

あらためていうまでもなく、専門の研究者にとっては遺跡の発掘こそ考古学の基礎をなす基本的な手段です。また、はじめて考古学を学ぶ若い学生や一般の人びとにとって「遺跡は教室」です。

日本考古学では、もうかなり長期間にわたって、発掘・発見ブームが続いています。そして、毎年厖大な数の発掘調査報告書が、主として開発のための事前発掘を担当する埋蔵文化財行政機関や地方自治体などによって刊行されています。そこには専門研究者でさえ完全には把握できないほどの情報や記録が満ちあふれています。しかし、その遺跡の発掘によってどんな学問的成果が得られたのか、その遺跡やそこから出た文化財が古い時代の歴史を知るためにいかなる意義をもつのかなどといった点を、莫大な記述・記録の中から読みとることはははなだ困難です。ましてや、考古学に関心をもつ一般の社会人にとっては、刊行部数が少なく、数があっても高価なその報告書を手にすることすら、ほとんど困難といってよい状況です。

いま日本考古学は過多ともいえる資料と情報量の中で、考古学とはどんな学問か、また遺跡の発掘から何を求め、何を明らかにすべきかといった「哲学」と「指針」が必要な時期にいたっていると認識します。

本企画は「遺跡には感動がある」をキーワードとして、発掘の原点から考古学の本質を問い続ける試みとして、日本考古学が存続する限り、永く継続すべき企画と決意しています。いまや、考古学にすべての人びとの感動を引きつけることが、日本考古学の存立基盤を固めるために、欠かせない努力目標の一つです。必ずや研究者のみならず、多くの市民の共感をいただけるものと信じて疑いません。

二〇〇四年一月

戸沢充則

著者紹介

佐藤祐輔（さとう・ゆうすけ）

1980年山形県生まれ。

明治大学大学院博士前期課程修了。地底の森ミュージアム学芸員を経て、現在仙台市縄文の森広場所長。専門は弥生時代。

主な著作 『考古調査ハンドブック12 弥生土器』（共著）、「五感を刺激するインタープリテーションとしての実演」『博物館学雑誌』第42巻第2号など。

●写真提供（所蔵）
仙台市教育委員会：図2〜7・11〜18・22〜27・29・30（左上）・31・32・34（左上・右上）・36・38〜41・43〜46・48・49・50（右）・51・仙台市縄文の森広場／河北新報社：図8／国土地理院ウェブサイト（https://mapps.gsi.go.jp/maplibSearch.do?specificationId=229398）：図9／仙台市博物館：図28／吉川純子「仙台市富沢遺跡第88次調査で産出した大型植物化石」『仙台市文化財調査報告書第203集　富沢・泉崎浦・山口遺跡（8）』1995：図42／仙台市立長町南小学校：図50（左）／佐藤祐輔：図30（各種石材）・33・34（左下・右下）・35（石器）

●図版出典（一部改変）
図1：国土地理院20万分の1地勢図／図19・25・32・35（顕微鏡写真）・47：『地底の森ミュージアム常設展示案内』／図10・20・21・34：『仙台市文化財調査報告書 第160集　富沢遺跡』1992／図37：仙台市都市計画課発行1万分の1 仙台都市計画基本図 南部

シリーズ「遺跡を学ぶ」151

地底の森の旧石器人　富沢《とみざわ》遺跡

2021年 8月 10日　第1版第1刷発行

著　者＝佐藤祐輔
発　行＝新 泉 社
東京都文京区湯島1−2−5　聖堂前ビル
TEL 03（5296）9620／FAX 03（5296）9621
印刷／三秀舎　製本／榎本製本

ISBN978−4−7877−2131−0　C1021

新泉社

シリーズ「遺跡を学ぶ」

009	氷河期を生き抜いた狩人　矢出川遺跡	堤　隆	1500円＋税
012	北の黒曜石の道　白滝遺跡群〈改訂版〉	木村英明	1500円＋税
025	石槍革命　八風山遺跡群	須藤隆司	1500円＋税
030	赤城山麓の三万年前のムラ　下触牛伏遺跡	小菅将夫	1500円＋税
059	武蔵野に残る旧石器人の足跡　砂川遺跡	野口　淳	1500円＋税
064	新しい旧石器研究の出発点　野川遺跡	小田静夫	1500円＋税
065	旧石器人の遊動と植民　恩原遺跡群	稲田孝司	1500円＋税
068	列島始原の人類に迫る熊本の石器　沈目遺跡	木﨑康弘	1500円＋税
089	狩猟採集民のコスモロジー　神子柴遺跡	堤　隆	1500円＋税
100	「旧石器時代」の発見　岩宿遺跡	小菅将夫	1500円＋税
104	島に生きた旧石器人　沖縄の洞穴遺跡と人骨化石	山崎真治	1600円＋税
110	諏訪湖底の狩人たち　曽根遺跡	三上徹也	1600円＋税
136	サヌカイトに魅せられた旧石器人　二上山北麓遺跡群	佐藤良二	1600円＋税
別1	黒耀石の原産地を探る　鷹山遺跡群〈改訂版〉	黒耀石体験ミュージアム	1500円＋税
別2	ビジュアル版　旧石器時代ガイドブック	堤　隆	1500円＋税
別5	ビジュアル版　考古学ガイドブック	小野　昭	1600円＋税